汉语国际教育核心课程系列教材

丛书主编　阮桂君　　副主编　张洁　欧阳晓芳

汉语作为第二语言教学法
——理论、方法与案例

黄均凤　程乐乐　编著

武汉大学出版社

图书在版编目(CIP)数据

汉语作为第二语言教学法:理论、方法与案例/黄均凤,程乐乐编著.
—武汉:武汉大学出版社,2017.8(2025.6重印)
汉语国际教育核心课程系列教材/阮桂君主编
ISBN 978-7-307-19313-0

Ⅰ.汉…　Ⅱ.①黄…　②程…　Ⅲ.汉语—对外汉语教学—教学法
Ⅳ.H195.3

中国版本图书馆 CIP 数据核字(2017)第 101767 号

责任编辑:白绍华　　责任校对:李孟潇　　版式设计:马　佳

出版发行:武汉大学出版社　(430072　武昌　珞珈山)
(电子邮箱:cbs22@whu.edu.cn 网址:www.wdp.com.cn)
印刷:湖北云景数字印刷有限公司
开本:787×1092　1/16　印张:7.25　字数:163 千字　插页:1
版次:2017 年 8 月第 1 版　2025 年 6 月第 3 次印刷
ISBN 978-7-307-19313-0　　定价:26.00 元

版权所有,不得翻印;凡购买我社的图书,如有质量问题,请与当地图书销售部门联系调换。

总 序

2007年，几个朋友在一次会议上碰面，说希望能够把自己正在授课的内容编成教材，大家都觉得是好事，因为在对外汉语本科阶段，那个时候，所用的教材，基本上都是借用汉语言文学专业的，没有自己独有的教材。然而言易而行难，这句话一说，就过去了十年。我们从初涉这个领域，到埋头苦干于这个领域，也整整十年。

从对外汉语的学科名称更名为"汉语国际教育"开始，意味着中国的汉语教学正式开始大规模地从本土走向世界，国际视阈、全球思维、跨文化能力将成为国际汉语教师最基本的修养。随着孔子学院的发展，汉语志愿者外派人数与日俱增，而师资，尤其是优秀的国际汉语师资，依然缺乏。而师资的缺乏又跟培养单位的条件以及是否有合体合身的教材有着莫大的关系。

对外汉语更名为汉语国际教育后，我们认为至少在本科、硕士培养阶段，需要有以下观念的转变：

(1)从"对外"到"国际"的转变。对外汉语，大部分是针对中国境内的汉语大环境下的第二语言教学而言的，而国际汉语教学则涵盖中国境内和境外的第二语言教学，尤其是境外的第二语言教学，需要我们探索。

(2)在理念上增加"国际化"的同时，本科、硕士阶段的教材需要进行全面的调整，需要及时地在教材中增加国际化的元素，创设各种国际汉语教学中的现实场景，并在教材中始终贯穿国际汉语教师的职业精神、职业梦想。

基于此，我们邀请了中国人民大学、武汉大学、华中师范大学、首都师范大学、中南民族大学、广东外语外贸大学、湖北第二师范学院等高校战斗在汉语国际教育第一线的教师们共同来完成这套丛书的编写工作。丛书的总体指导思想是：

(1)编写具有鲜明专业色彩的汉语国际教育专享教材；

(2)改变以往只重视理论阐述，忽略实践应用的教材模式，把理论知识与案例结合起来；

(3)将任课教师多年来对自己所负责课程的教学经验以及心得体会融入课程，彰显各自特色。

我们希望，学生在学习本教材后，提高三个能力：

(1)对该学科的解释能力；

(2)客观系统的观察分析能力；

(3)自主学习勇于创新的能力。

我们在编写的过程中，尽量做到在现有相关材料的基础上，客观、稳妥、积极地吸收最新的成果，通过不同章节多角度开拓学生的学科视野，既让学生掌握本学科的传统基础，又引导学生注重事实，看到不同的观点和理论，进行开放性思考，培养创新意识和素质。

我们也从体例上做了一些探索，每本教材，每个章节下的每一个小节均由5个部分构成：

(1)案例导入。通过一个具体的案例导入正文基础知识内容，类似于教案中导入部分，以事实为引导，带学生进入学习内容；

(2)基础知识。同于现在使用的一般教材除练习以外的内容；

(3)思考与练习。由两部分构成，一个是对基础知识的问答，属于识记类型的。另外一个是练习，主要是根据这一节内容，由2~3个操作性比较强的练习题构成，多为社会实践操作之类的活动。

(4)案例与分析。学习完基础知识后，对导入部分的案例进行剖析，分析原因，寻求对策；

(5)延伸阅读。这部分列出几篇与章节相关的重要文献，供学生进一步阅读使用。

令人感到高兴的是，这几年专门针对汉语国际教育这个学科本身的专享教材越来越多，大家的参与，使得这个专业正经历大浪淘沙的发展阶段，最终走向真正的成熟。我们的丛书愿意作为其中的一颗沙子，为汉语国际教育事业的发展，尽一份绵薄之力。

阮桂君
2017年3月19日于法国巴黎东亚语言研究所

目 录

第一章 翻译法 1
　◎案例导入 1
　◎基础知识 1
　理论介绍 1
　　1. 什么是翻译法 1
　　2. 翻译法的理论基础 2
　　3. 翻译法的操作程序 2
　简要评析 3
　　1. 翻译法的优点 3
　　2. 翻译法的缺点 4
　◎案例分析 4
　◎思考练习 6
　◎拓展阅读 6

第二章 直接法 7
　◎案例导入 7
　◎基础知识 7
　理论介绍 7
　　1. 什么是直接法 7
　　2. 直接法的理论基础 7
　　3. 直接法的操作程序 8
　简要评析 9
　　1. 直接法的优点 9
　　2. 直接法的缺点 9
　◎案例分析 9
　◎思考练习 11
　◎拓展阅读 11

第三章　听说法 ········ 13
◎案例导入 ········ 13
◎基础知识 ········ 13
理论介绍 ········ 13
1. 什么是听说法 ········ 13
2. 听说法的理论基础 ········ 14
3. 听说法的基本原则与操作程序 ········ 14
简要评析 ········ 15
1. 听说法的优点 ········ 15
2. 听说法的缺点 ········ 16
◎案例分析 ········ 16
◎思考练习 ········ 18
◎拓展阅读 ········ 18

第四章　认知法 ········ 19
◎案例导入 ········ 19
◎基础知识 ········ 19
理论介绍 ········ 19
1. 什么是认知法 ········ 19
2. 认知法的理论基础 ········ 19
3. 认知法的基本原则 ········ 20
4. 认知法的操作程序 ········ 21
简要评析 ········ 21
1. 认知法的优点 ········ 21
2. 认知法的缺点 ········ 22
◎案例分析 ········ 22
◎思考练习 ········ 24
◎拓展阅读 ········ 24

第五章　交际法 ········ 25
◎案例导入 ········ 25
◎基础知识 ········ 25
理论介绍 ········ 25
1. 什么是交际法 ········ 25
2. 交际法的理论基础 ········ 26
3. 交际法的基本原则 ········ 27
4. 交际法的操作程序 ········ 28

  简要评析 ··· 29
   1. 交际法的优点 ·· 29
   2. 交际法的缺点 ·· 29
  ◎案例分析 ··· 30
  ◎思考练习 ··· 31
  ◎拓展阅读 ··· 32

第六章　任务型教学法 ·· 33
  ◎案例导入 ··· 33
  ◎基础知识 ··· 33
  理论介绍 ·· 33
   1. 什么是任务型教学法 ·· 33
   2. 任务型教学法的理论基础 ·· 34
   3. 任务型教学法的基本原则 ·· 35
   4. 任务型教学法的操作程序 ·· 35
  简要评析 ·· 36
   1. 任务型教学法的优点 ·· 36
   2. 任务型教学法的缺点 ·· 37
  ◎案例分析 ··· 37
  ◎思考练习 ··· 39
  ◎拓展阅读 ··· 39

第七章　汉语教材的选择与使用 ··· 41
  ◎案例导入 ··· 41
  ◎基础知识 ··· 41
  教材的选择 ·· 41
   1. 选择的原则 ·· 41
   2. 影响教材选择的因素 ·· 42
  教材的使用 ·· 43
   1. 教材内整合 ·· 44
   2. 教材外整合 ·· 45
   3. 多介质整合 ·· 45
  ◎案例分析 ··· 46
  ◎思考练习 ··· 46
  ◎拓展阅读 ··· 46

第八章　汉语课堂教学 ··· 47
◎案例导入 ··· 47
◎基础知识 ··· 47
课堂教学原则 ··· 47
课堂教学要素 ··· 48
　　1. 教师 ·· 48
　　2. 学生 ·· 50
　　3. 教学内容 ··· 50
课堂教学实施 ··· 51
　　1. 组织教学 ··· 51
　　2. 复习检查 ··· 51
　　3. 讲练新内容 ··· 52
　　4. 巩固新内容 ··· 62
　　5. 布置课外作业 ··· 62
◎案例分析 ··· 63
◎思考练习 ··· 63
◎拓展阅读 ··· 63

第九章　汉语综合课教学 ·· 64
◎案例导入 ··· 64
◎基础知识 ··· 64
综合课的性质、任务与目标 ·· 64
　　1. 综合课的性质 ··· 64
　　2. 综合课的教学内容 ··· 65
　　3. 综合课的教学目标 ··· 67
综合课的教学原则与方法 ·· 67
　　1. 综合课的教学原则 ··· 67
　　2. 综合课的教学方法 ··· 68
◎案例分析 ··· 71
◎思考练习 ··· 79
◎拓展阅读 ··· 79

第十章　汉语口语课教学 ·· 80
◎案例导入 ··· 80
◎基础知识 ··· 80
口语课的性质、目标、任务与原则 ·· 80
　　1. 口语课的性质与目标 ··· 80

2. 口语课的教学内容与任务 …………………………………………… 81
　　3. 口语课的教学原则 …………………………………………………… 82
　口语课的教学方法 ………………………………………………………… 82
　◎案例分析 ………………………………………………………………… 84
　◎思考练习 ………………………………………………………………… 87
　◎拓展阅读 ………………………………………………………………… 88

第十一章　汉语听力课教学 ………………………………………………… 89
　◎案例导入 ………………………………………………………………… 89
　◎基础知识 ………………………………………………………………… 89
　听力课的性质、任务与目标 ……………………………………………… 89
　　1. 听力课的性质 ………………………………………………………… 89
　　2. 听力课的教学任务 …………………………………………………… 90
　　3. 听力课的目标 ………………………………………………………… 90
　听力课的教学原则与方法 ………………………………………………… 91
　◎案例分析 ………………………………………………………………… 92
　◎思考练习 ………………………………………………………………… 95
　◎拓展阅读 ………………………………………………………………… 96

第十二章　汉语阅读课教学 ………………………………………………… 97
　◎案例导入 ………………………………………………………………… 97
　◎基础知识 ………………………………………………………………… 97
　阅读课的性质、任务与目标 ……………………………………………… 97
　　1. 阅读课的性质 ………………………………………………………… 97
　　2. 阅读课的教学任务 …………………………………………………… 98
　　3. 阅读课的目标 ………………………………………………………… 98
　阅读课的教学原则与方法 ………………………………………………… 99
　　1. 阅读课教学原则 ……………………………………………………… 99
　　2. 阅读训练方法 ………………………………………………………… 99
　◎案例分析 ………………………………………………………………… 100
　◎思考练习 ………………………………………………………………… 104
　◎拓展阅读 ………………………………………………………………… 104

后记 …………………………………………………………………………… 106

第一章 翻 译 法

【案例导入】

黄老师是国家汉办派往美国从事汉语教学的公派汉语教师,她在美国一所大学教汉语与中国文化。学生的汉语水平大部分在中级或以上。这个学期的教学任务主要是讲授中国文化知识。对黄老师来说,选教材是件让她头疼的事。比较来比较去,最终选定《读故事学汉语》这本教材作为教学的主要内容。可是学生虽然大多是中级或以上水平,但阅读书面语较浓的文化类课文时,仍然很吃力。如何让学生在学习汉语的基础上了解中国传统文化呢?如何让学生真正地理解一个个故事中所蕴含的文化因素呢?最后,黄老师决定采用翻译法来教学,不过,在确定采用翻译法来教学前,黄老师很是花了一番心思。

【基础知识】

———● 理 论 介 绍 ●———

1. 什么是翻译法

翻译法(Translation Method)是用母语来教授外语的一种方法。它的特点是:在外语教学过程中本族语与所学外语经常并用,主要的教学方法是先学语法规则,然后凭借这些知识翻译课文。这种外语教学法认为,学习外语首要的是学习语法。因为学习语法既有助于理解、翻译外语,又有助于"磨练智慧"、培养学生的逻辑思维能力。

翻译法在其发展过程中由于命名的立足点不同,曾有各种不同的名称,如翻译法、语法法或语法翻译法、奥朗多弗氏法、雅可托氏法。因为继承了拉丁语教学的传统,又定名为传统法。为了与后来出现的重视口耳训练的新的教学法相区别,又被称为古典法、旧式法。翻译法始于18世纪的欧洲,刚开始没有明确的理论基础,但随着各时期追随者的不断完善,翻译法就有了自己的教学理念。

2. 翻译法的理论基础

翻译法是一个总的名称，它成为一种外语教学法，经历了较长时间的积累。历史上曾先后出现过语法翻译法、词汇翻译法、翻译比较法，到了20世纪中期，翻译法发展成为近代翻译法，其理论基础与原则才得以完善。翻译法①在理论方面主要有"语言学"和"心理学"两大基础：

（1）语言学理论基础是18世纪的机械语言学和历史比较语言学。机械语言学认为，世界上的语言是和思维同步产生的，思维具有同一性，那么各种语言也应该具有相同的语法规则，只不过由于地域分化，产生出了不同的语音形式而已。历史比较语言学认为，各种语言都有一个共同的来源，因而词所表达的概念、意义和词的搭配也是一样的，只是词的发音与书写形式不同。既然人类思维规律相同，不同语言之间可以一一对应翻译，那么使用翻译的方法来进行语言教学，通过词语的互译和语法规则的替换，就能掌握另外一种语言。

（2）心理学理论基础是联想主义心理学（Associatilnism Psychology）。联想主义心理学源于古希腊，形成于十七、十八世纪，是一个承上启下的心理学派。该学派认为一切心理活动都是各种感觉或观念的集合，而这种集合主要依靠联想的力量来实现，学习语言的过程就是形成联想的过程。体现在第二语言教学中，就是对目的语词汇的学习要联想到母语中相应的单词，通过不断重复和记忆，形成一种自动学习和使用语言的习惯。

3. 翻译法的操作程序

翻译法的总体教学程序从语音开始，首先学习字母的发音和书写，然后通过语法课，系统地掌握语法规则，最后才阅读原文，并通过翻译的方法继续巩固已学过的语法知识。翻译法的课堂上着重讲解语法知识，课文是作为翻译的材料出现，所以在教学过程中语法讲解占据主要地位。

翻译法的操作程序图示如下：

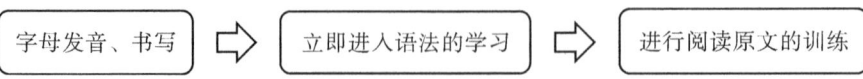

其中核心部分语法教学的安排如下：
（1）先讲词法，后讲句法；

---

① 后文所说的翻译法除了有特别说明外均指近代翻译法。

(2) 揭示语法规则的主要途径是演绎，即先讲授语法规则，后举例并译成母语；
(3) 用将母语句子翻译成外语的方法来巩固所授语法规则。

运用的程序如下：

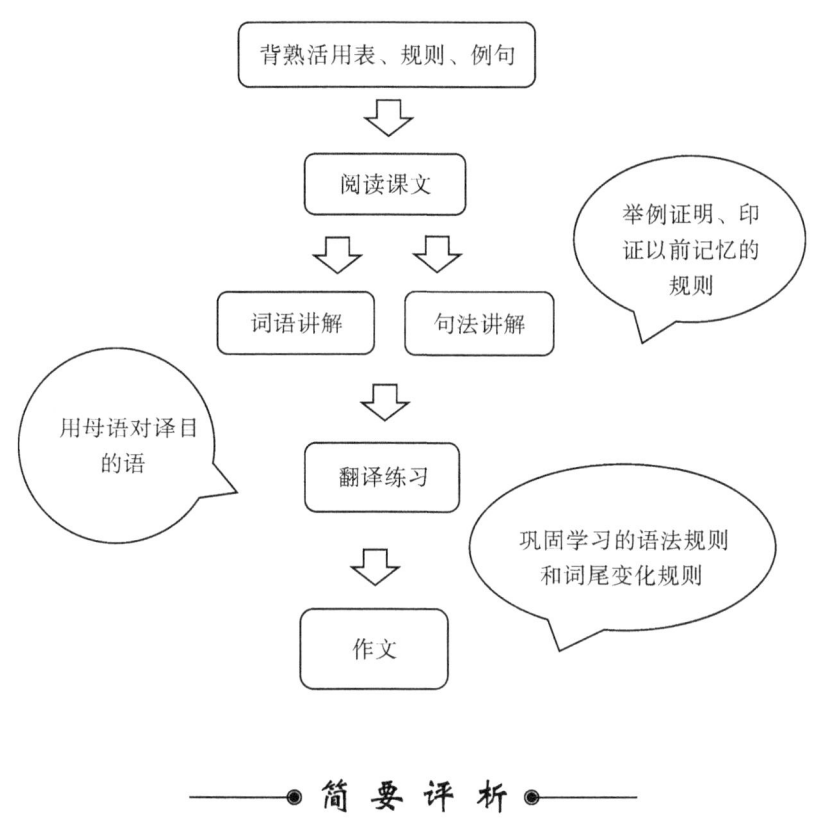

———● 简 要 评 析 ●———

翻译法在一定的历史条件下对当时的外语教学发挥了重要作用，具有自己的优点，但随着历史的发展，社会对外语教学提出了新要求。这时，翻译法的不足就暴露出来了。

1. 翻译法的优点

(1) 翻译法的教学目标是培养学生阅读目的语经典文献的能力。这是将外语作为工具促进学生智力发展和培养其人文精神的良好方式。同时，重视大量阅读、背诵原著，能够培养学生的阅读能力。翻译法也能配合其他阅读与写作教学法，帮助学生提高阅读与写作能力。

(2) 先展示语法规则，然后通过大量练习巩固。这种演绎式的教学法程序性强，不仅有利于学生学习掌握语法规则，而且也有利于培养学生理解外语和运用外语的能力，使得教学有系统、有组织。

（3）通过母语的翻译和比较，能使学生比较深刻地理解外语的抽象词义和复杂的句子结构。系统讲授语法知识，注意利用学生的理解力，有利于启发思维、训练智慧，有助于提高教学效果。学生语法概念清晰，词义理解比较确切，翻译能力得到培养。

（4）在缺乏正规学校外语教学的年代，翻译法是自学外语的一种最有效、最容易的途径，是一种良好的自学方法。

（5）从翻译法开始，外语教学有了规范的教学套路，可以用固定的模式来达到控制教学过程的目的。

（6）教学不需要什么教具和设备，教师只要掌握了外语基础知识，就可以拿着教科书教学，所以该教学法便利易行。

（7）容易测试学生，班级易于管理。

2. 翻译法的缺点

（1）课堂以教师传授为中心，学生处于被动接受地位，课堂气氛显得沉闷、枯燥和呆板。教学方法和程序单一，不易激发学生学习兴趣和学习的积极性、主动性，难以培养学生运用语言进行交际的能力。

（2）教师在教学中的绝对权威地位限制了学生的主动性发挥。学生学习被动，学习困难的学生常缺乏学好外语的信心。

（3）只注重书面语教学，而忽视口语教学，学习的语言材料都是一些文学作品片断，词汇艰深，脱离学生生活实际。忽视语音和语调教学，学生口语能力得不到培养。

（4）教学依据单一，仅以教材为知识来源，练习形式单调。

（5）教学严重依赖母语，过分强调翻译的作用，容易使学生养成使用外语时依赖翻译的习惯，不利于全面培养学生运用外语进行交际的能力。过多地利用翻译还占用了大量教学时间，直接影响运用外语进行外语教学的实践机会。

（6）生活中的语言是活的、灵活多变的，同样的词语、短语和句子在不同的语境中，其意义完全不同，而翻译法则无法兼顾到它们的各种意义。

（7）过于强调语法在教学中的作用。语法讲解从定义出发，根据定义给例句，脱离学生的实际需要和语言水平。语法与课文脱节，只讲脱离生活实际的例句和课文。

【案例分析】

公派汉语教师黄老师采用翻译法中有关理念来讲授她的语言文化课。她选定的教材《读故事学汉语》（北京语言大学出版社，2009年版）是供初中级汉语水平的学习者阅读的文化课本，目的是使学习者在学习词汇和语言点、提高阅读水平的同时，加深对中国文化的了解。该教材一共有五个板块，共计15课，每课都是一个1000字左右的故事，有注释，有练习。我们以第一课《盘古与女娲》的第一段为例看黄老师是怎样运用翻译法进行教学的。①

首先听写课文生词。这是老师提前布置的预习作业。黄老师让两名学生自愿到黑板前来听写，其他学生在座位上听写。听写完毕，让学生讨论黑板上听写的词语，由他们自己纠正听写错误，然后检查学生是否理解词语的意思。

然后学习《盘古与女娲》这篇课文。黄老师先要求学生集中注意力，听自己朗读课文。接着领读课文，每领读一句就用学生母语（英语）翻译一句。领读、翻译完，黄老师又用英语对整篇课文逐句翻译一遍，保证学生基本上理解这篇课文的意思。之后，进入重点词语与语法教学环节，有学生问"漆黑"是什么意思，"用力一劈"中的"一"怎么理解。黄老师就用英语解释，"漆黑"就是"as pitch as dark"的意思，例如可以说"漆黑的夜晚"、"房间漆黑漆黑的"。与这样的词语类似的还有"雪白"、"笔直"、"火红"等。随后，黄老师讲解"用力一劈"中的"一"。她说，这里的"一"用在动词前面，表示动作的出现是快速、突然和彻底的。例如："他用力一踢，足球飞出去好远。""小王仔细一听，是爸爸回来了。"正是因为这里的"一"不是数词"one"的意思，所以我们不说"二劈"、"三踢"、"六听"。然后，黄老师把问题所在的句子翻译成英语：

他睁开眼睛一看，四周漆黑一片，什么都看不见。他就随手抓来一把大斧子，用力一劈，只听见一声巨响，大"鸡蛋"破了。

He opened his eyes and looked around, but it was pitched-dark all around, he could not see anything. He picked up a nearby ax, and swung it with his strength. With a crack of thunder, the huge "egg" split.

黄老师回答了所有问题，学生全都理解了课文的意思。接着黄老师用英语逐句讲解，分析语法结构，讲解语法点以及生词，并将重要的生词与语法点写在黑板上：

1. 生词
漆黑：pitch-dark.
Some words like "漆黑" are "雪白""笔直" and "火红"，etc.
2. 语法知识
一+动词：to indicate that the action is sudden and speedy.
例如：他用力一踢，足球飞出去好远。
"一"in the sentence is not a number, so we cannot say "二劈"、"三踢"、"六听".

黄老师全部讲解完毕，请学生自己阅读5~10分钟，然后老师根据课文内容用英语

---

① 本节使用了《读故事学汉语》（李锦、田志华编著，北京语言大学出版社2009年版）中的语言材料。

提问：

(1) What was the universe like long long ago?

(2) Who was sleeping in the "egg"?

(3) What did Pángǔ feel around him when he woke up?

(4) What did Pángǔ do after he woke up?

(5) What did it happen to Pángǔ?

其他段落的处理与此类似。

最后黄老师给学生布置课后作业：

(1)用今天所学的重要生词和语法各造一个句子。

(2)把黑板上的五个句子翻译成汉语。

(3)熟读课文，并尝试背诵。

【思考练习】

1. 试论述在外语教学史上翻译法对外语教学有哪些贡献。

2. 你认为翻译法适合运用于什么样的课堂教学？请谈一谈你的看法。

3. 你认为，翻译法培养出来的学生，最擅长的是什么语言能力？

4. 精读"拓展阅读"中第3条的"翻译法"部分。思考运用翻译法要遵守什么原则。

【拓展阅读】

1. 王红梅. 外语教学法主要流派评介[J]. 山东科技大学学报(社会科学版)，2004(3).

2. 王建勋. 对语法翻译法的再认识[J]. 基础教育外语教学研究，2003(7).

3. 章兼中. 国外外语教学法主要流派[M]. 上海：华东师范大学出版社，1983.

4. 张正东. 中国外语教学法理论与流派[J]. 北京：科学出版社，2000.

5. Richards Jack C. and Rogers Theodore S. *Approaches and Methods in Language Teaching*[M]. Beijing：Foreign Language Teaching and Research Press，2000.

6. Rod Ellis. *Second Language Acquisition and Language Pedagogy*[M]. Clevedon：Multilingual Matters，1992.

第二章 直接法

【案例导入】

杨老师是一名长期外派的汉语教师，经常在国内大学工作一年，然后出国工作几年。她热爱汉语教学这份工作，也喜欢动脑筋研究教学中遇到的问题。她在大学教汉语时，学生大多具有一定的汉语基础，有着较好的理解能力，教起来很容易上手。这学期她被派往一个英语国家，在一所小学教汉语。学生从来没有接触过汉语，尽管他们都对学汉语充满了期待，但是杨老师觉得，面对这样的教学对象，不能照搬过去的大学教学经验。经过前期准备，杨老师决定采用直接法所提倡的一些教学理念开展教学。

【基础知识】

1. 什么是直接法

直接法（Direct Method）是以目的语为教学语言进行第二语言教学的方法。《朗文语言教学及应用语言学辞典》（第136~137页）给出的解释如下：直接法是外语或第二语言教学的一种方法，具有以下特点：

a. 课堂上应只使用目的语；
b. 意思应该通过将语言和动作、物体、模仿、手势及情景结合起来直接表达出来；
c. 读、写应该在说之后教；
d. 语法应该只用归纳的方法教，即不应该向学生教语法。

直接法专家代表人物有德国外语教育家菲埃托（V. W. Vietor）、法国外语教学法专家古安（F. Gouin）、德国人贝立兹（M. D. Berlitz）、英国外语教育家帕默（H. E. Pamer）与英国外语教育家韦斯特（M. West）等。

2. 直接法的理论基础

直接法出现的背景是19世纪末西欧各国的资本主义进一步发展，帝国主义争相瓜分世界领土,人们对外语教育提出了新的要求,用翻译法来教授英语这门现代语言存在许多问题。于是,直接法作为翻译法的对立物在西欧出现了。直接法还有很多别的名称,如改革法、自然法、心理法、口语法、妥协法、综合直接法、折中直接法、循序渐进直接法等。

直接法有三大理论基础:语言学基础、心理学基础与教育学基础。

(1)语言学基础:19世纪末,语言学理论认为:a.任何两种语言,词语在意义、搭配、用法上都不存在一对一的简单对应关系。直接法据此反对翻译法的对译。b.句子是表达一个完整意思的单位,很多词语的具体意义只有在句子中才能得到确定。因此,直接法强调句子在教学中的重要性。c.人类先有口语,后有文字,所以直接法强调语言教学以口语为基础,以培养口语能力为目标。

(2)心理学基础:心理学家冯特认为,语言心理中起作用的不是思维,而是感觉。因此,直接法据此强调"以口语为基础,以模仿为主"。当时的心理学实验认为"重复可以看作是巩固原有记忆痕迹的过程",即复现率越高,越容易在记忆中保留。直接法据此认为用外语教外语,为学习者创造了良好的语言环境,加大了目的语的复现率。

(3)教育学基础:现代教学论的奠基人夸美纽斯提出了"由事实到结论""实例先于规则"的教育思想。直接法实践者十分重视,并认真加以贯彻,提出了"归纳途径学语法"的教学原则。

以上三个方面为直接法提供了坚实的理论基础。

3. 直接法的操作程序

直接法具体的教学方法表现为以下几点:
(1)用演示代替翻译,通过做动作使学习者理解所学词语和句子。
(2)用问答法代替以往翻译法的"注入式",促进学习者的思维活动。
(3)教单词尽可能组成句子,要带有一定的情景内容以便于记忆。
(4)对于学习者的错误要加以正面纠正,使其不重复错句。
直接法的主要操作程序图示如下:

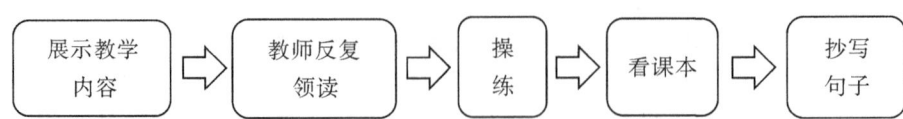

在第一步"展示教学内容"过程中,教师要做动作,用动作配上目的语的词语和句子来展示。"教师反复领读"词语和句子,其间遇到不正确的发音,教师会立即指出并正音。"操练"的方式主要采取"教师说,学生做动作,或者学生说,学生做动作"的方式进行。"看课本"是让学生认读文字(比如汉字),将语音与文字结合起来。"抄写句子",要找出句子中的主要动词等,帮助学生学习相关语法知识。

——● 简 要 评 析 ●——

直接法能够替代翻译法成为外语教学法的主流,自有它的优势,但由于历史的原因它也存在一些不足。

1. 直接法的优点

(1)直接法提倡"言语→语言→言语"的外语学习途径,有利于培养学习者的外语能力。外语能力的一大特征是有良好的口头表达能力,能有效地进行交际,而直接法倡导的口语,是交际中最受欢迎的外语使用形式。课堂上,教师创造气氛使学习者在会话中运用新语言,熟悉语音、语调以及如何断句,从最常使用的日常习惯表达入手,以增强、维持学习者兴趣和自信,使学习者能自如流畅地用目的语进行交流。学习者完全置身于逼真的外语环境中,使得二语学习像母语般自然,同时也会促进学习者对目的语的理解和感悟。

(2)直接法制定了一整套行之有效的具体讲练方法,特别是口语练习体系。

(3)直接法的出现,给翻译法树立了一个对立面,促进翻译法不断改进,同时为后来的外语教学法开了先河。

2. 直接法的缺点

(1)直接法过分强调自然的母语学习与课堂外语习得间的相似性,把课堂与外部现实世界等同起来。因其缺乏强有力的语言学理论根据,对许多语言现象缺乏科学、系统的阐释,所以屡遭抨击。

(2)直接法对教师要求很高,它要求教师的母语即为目的语,或教师是具有类似语言水平的专业人士。并非所有的教师都可以依靠其自身能力和技巧掌控课堂。其主要问题在于,直接法是用外语授课,尽量避免使用母语,这对于在非目的语国家学习的学生和教师都有一定难度,尤其是初级阶段的教与学。

(3)直接法忽略了母语在外语教学中的积极作用,只看到其消极的一面,因而对母语采取极端的否定态度。

(4)直接法在教学中偏重经验、感性认识,对人的自觉性估计不足。

【案例分析】

杨老师采用直接法的有关理念组织课堂教学,开始有点儿困难,不过慢慢就有了效果。他们使用的教材是《快乐汉语》(李晓琪等编,人民教育出版社出版)。该教材重点培养学生在自然环境中学习汉语的兴趣和汉语交际能力，同时能够为以后继续学习和提高打下坚实的基础。教材一共有八个单元，二十四课。另外，每单元各有一个单元小结。每课都包含"生词""句型""练习"等板块。① 我们以第十二课"我去图书馆"为例看杨老师是怎样运用直接法进行教学的。

第十二课　我去图书馆②

New Words

1. 去 　　　　　2. 运动场
3. 图书馆　　　　4. 教室
5. 礼堂　　　　　6. 体育馆

Sentence Patterns

1. 你去哪儿？　　　2. 我去图书馆。
3. 你去运动场吗？　4. 我不去运动场。

1. Number the pictures according to the recording.

   （略）

2. Read aloud.

   （略）

3. Listen and match.

   （略）

4. Complete the dialogues according to the pictures below.

   （略）

5. Read and match.

   （略）

6. Translation.

   （略）

7. Write characters.

   （略）

课前准备：做好各种教学准备，比如准备卡片、挂好挂图等。

---

① 参见李晓琪、罗青松、刘晓雨、王淑红、宣雅编的《快乐汉语》（人民教育出版社，2009年版）中的"前言"。

② 参见李晓琪、罗青松、刘晓雨、王淑红、宣雅编的《快乐汉语》（人民教育出版社，2009年版）第51-54页。

1. 首先检查学生对数字一到二十的识记。这也是上一次课结束时老师布置的作业。杨老师举起数字卡片让学生认读，然后请学生说出挂图中事物的数量。

2. 检查完毕，教学立即进入学习新课环节。杨老师让学生大声朗读课文（语言点）：

你去哪儿？我去图书馆。你去运动场吗？我不去运动场。

学生一边朗读，杨老师一边指着挂图中的处所。

3. 读完课文，杨老师问："你们有问题吗？"学生："没有问题。"之后杨老师在黑板上画图或指着图片解释该课生词的意思。

4. 解决了生词，杨老师就课文意思进行提问，如："他去哪儿？""他去不去运动场？"要求学生用完整的句子回答。在学生回答的过程中，杨老师纠正学生错误的语法或发音，如"场（chǎng）"，有的学生发不准。

5. 完成课文理解之后，杨老师让学生就挂图中的处所用刚学的句型互相提问。

6. 完成了课文拓展学习之后，杨老师让学生完成课后练习。

7. 最后，杨老师让学生听写该课的课文。

【思考练习】

1. 外语教学法的产生大多有其理论基础。你怎样理解直接法的理论基础？

2. 你认为直接法适合运用于什么样的课堂教学？

3. 直接法中有一个小流派"系列法（Series Method）"，倡导者是法国语言教育家古安，所以又称为"古安系列法（Gouin Series）"。古安根据对儿童语言行为的观察，发现儿童有强烈的讲述自己经历的要求，而且有依据时间顺序排列事件的能力；事件具有系列性的特点有利于根据上下文来理解和联想、记忆，也有利于表达。因此他在编写教材时，把学生的日常生活分解成许多意义上有联系同时按顺序排列的小段，从而组成一个个系列，再根据这些系列组织语言材料。请在"拓展阅读"的基础上，谈谈古安系列法的优点及教学操作。

4. 在上面的案例中，第5个环节杨老师处理完了课文之后，为什么还要就挂图中的处所进行提问？这对学生的学习有什么好处？

【拓展阅读】

1. 徐子亮，吴仁甫. 实用对外汉语教学法[M]. 北京：北京大学出版社，2016.

2. 王红梅. 外语教学法主要流派评介[J]. 山东科技大学学报（社会科学版），2004（3）.

3. 武和平，武海霞. 外语教学方法与流派[M]. 北京：外语教育与研究出版社，2014.

4. 章兼中. 国外外语教学法主要流派[M]. 上海：华东师范大学出版社，1983.

5. 章兼中. 国外外语教学法主要流派[M]. 福州：海峡出版发行集团，福建教育出版社,2016.

6. 张正东. 中国外语教学法理论与流派[M]. 北京:科学出版社,2000.

7. Richards, J. C. & T. Rodgers. *Approaches and Methods in Language Teaching*[M]. Beijing:FLTRP,2000.

8. Sweet, H. *The Practical Study of Languages*[M]. Reprinted London:Oxford University Press,1899.

第三章 听 说 法

【案例导入】

刘老师是国内一所大学的对外汉语教师。今年9月，学校来了一批新西兰的留学生。他们一共有12人，其中有9人没学过汉语，有3人学过简单的汉语，但听说能力很差，只会说一些简单的问候语。他们将在刘老师所在的学校学习一个半月汉语，目的是掌握汉语基本的日常表达，同时能够切身体验中国文化。教学安排是上午学习语言，下午进行文化体验。刘老师和另外两名同事负责上午的语言教学。经过多次讨论，他们最终确定使用《汉语会话301句》（康玉华、来思平编著，北京语言大学出版社，2005年版）。但是，如何在短短的一个半月时间（大约120个课时）里让学生掌握汉语基本的日常表达呢？经过讨论，大家决定尝试采用听说法提倡的一些理念来进行教学。

【基础知识】

理 论 介 绍

1. 什么是听说法

听说法（Audiolingual Method）产生于20世纪40年代的美国，是一种强调通过反复操练句型结构培养口语听说能力的教学法。听说法"把听说放在首位，主张先用耳听，后用口说（audio-oral），经过反复口头操练，最终能达到自动化地运用所学语言材料，将听到的外语能用口头表达"（章兼中，2016：85）。教学法专家根据不同的研究角度又将听说法称为"口语法（oral approach）""句型法（pattern method）""结构法（structural approach）""军队教学法（army method）"。

听说法的主要代表人物是美国语言学家、外语教学法家弗里斯（C. C. Fries）与美国结构主义语言学家拉多（R. Lado）。

2. 听说法的理论基础

20世纪40年代开始，结构语言学、心理语言学、控制论、行为主义心理学等相互渗透的学科得到发展，外语教学日益依赖现代技术，各国教学法家竞相实验新的教学法体系。这给听说法的产生提供了理论基础。

（1）听说法的语言学理论基础是结构主义语言学。美国结构主义语言学派又称美国描写语言学派，其核心人物是布龙菲尔德。在语言结构的分析中，他主张以可以观摩到的语言素材为依据，反对用非语言因素（特别是心理因素）作为标准，并强调形式的分析和归类。因此，他认为所谓"所有语言具有共同的语言结构"的普遍语法是不存在的，应该研究活的语言，尊重语言事实，所以他采用调查法研究没有文字记录的印地安语，对其他有文字的语言也进行描写与分析，发现口头语言和书面语言存在许多不一致之处，布龙菲尔德都客观地进行记录、描写与分析。这种鲜明的语言学主张，对听说法提倡以重视活的语言为教学原则产生了深刻的影响。

（2）听说法在心理学方面的理论基础是行为主义心理学。巴甫洛夫等人在19世纪末提出"条件反射学说"，美国心理学家华生（J. B. Watson）在此基础上提出了行为主义心理学公式：S（刺激）—R（反应），认为人和动物的行为都可以纳入刺激和反应的规范之中。而斯金纳（B. F. Skinner）则又向前发展了一步，提出了"刺激—反应—强化"模式。心理学界称之为新行为主义。他把动物和人类的学习看作操练，而强化是操练条件作用的结果。听说法重视机械性训练，强调重复和模仿，就是以行为主义的心理学说作为其理论根据的。（徐子亮，吴仁甫，2016：26）

3. 听说法的基本原则与操作程序

在第二语言教学史上，听说法把结构主义理论和行为主义理论应用到外语教学中，具有划时代的意义，它使外语教学建立在了当代科学研究成果的基础之上。听说法的基本原则主要体现为几个方面：

（1）听说领先。注重口语，听说领先。口语是第一位的，读写是在听说的基础上派生出来的。

（2）反复操练，用模仿、重复、记忆的方法去反复实践，从而形成自动化的习惯，遇到相似语境能够脱口而出。

（3）以句型为中心。句型是语言教学的基础，也是外语教学的中心，通过句型操练能自动化地运用每一个句型，掌握目的语。

（4）排斥或限制使用母语和翻译，尽量用直观手段或借助于情景与语境，直接用目的语理解和表达。

（5）对比语言结构，确定教学难点，把外语教学的主要力量放在攻克难点上。

(6)及时、严格地纠正学习者出现的错误，培养正确的语言习惯。

关于听说法的教学程序，不同的学者、不同的教学法家从不同的角度给出了不同的操作程序。有的将教学程序分为"口授语言材料""模仿记忆练习""最小对立体练习和句型练习""师生对话练习"与"读的操练和写的操练"，而有的则将教学程序简化为两部分：一是理解(recognition)，二是活用(production)(章兼中，2016：96)。不过最能代表听说法教学流程的是美国布朗大学教授特瓦德尔1958年在日本提出的"五段学说"。其教学基本程序如下：

(1)口授语言材料：教师利用实物、图片、手势、上下文、情景等展示语言材料(主要是句型)进行口授，将语音所表示的语言信息同意义联系起来。

(2)模仿记忆练习：教师反复示范所教语言材料，学习者进行准确模仿，如发现错误则及时纠正。学习者在模仿的基础上反复练习，不断重复，直到可以背诵。这是模仿和重复相结合的"模仿——记忆"练习。

(3)句型练习：句型练习是听说法最具有代表性的部分。练习主要包括：替换、转述、转换、扩展、压缩、合并。

(4)对话：对话可以是进行问答、完成句子等练习，还可以为主要句型提供一定的语境以及使用该句型的文化背景。

(5)读写练习：读，主要进行朗读语言材料(课文)的训练，要求在理解的基础上正确流利地朗读；写，练习书面回答问题(在练习本上回答课文的问题)，或读、写部分内容等。

——● 简 要 评 析 ●——

1. 听说法的优点

(1)重视听说训练，以口语为中心，强调外语教学的实践性，有利于提高教学质量。

(2)强调句型的训练，创造了一套通过句型操练进行听说读写的基本训练方法。

(3)限制使用母语，但不排斥母语的作用。

(4)广泛利用对比方法，通过母语和外语对比确立教学重点和难点。

(5)运用现代化视听手段进行教学，提高了教学效果。

2. 听说法的缺点

（1）把语言看作一系列"刺激—反应"的行为过程，忽视语言训练和运用的创造性。

（2）听说法过于重视训练语言的形式，脱离语言的意义和交际来机械地操练语言结构。容易造成课堂的沉闷气氛，学生的语言创造力得不到充分的发挥，学的语言也很不自然，不利于培养学生应付自然的语言交际能力。

（3）把听说材料本身当成了教学方法，而不是教学辅助工具。

（4）教学材料匮乏，跟不上时代的发展。

（5）电化教学手段的使用，给师生造成了额外的操作问题、负担、时间及投资上的浪费，而且效果并不总是很理想。

（6）听说法是由教师决定要教的内容，决定教的进度，决定学习的方法，指挥学生的练习，判断什么是对，什么是错。学生基本上处于被动的地位，教师教什么，他们就学什么。这种以教师为"核心"的教学方法不利于调动学生的学习积极性。

【案例分析】

刘老师和她的同事选择的《汉语会话301句》是一套为初学汉语的外国人编写的速成教材，共有40课，另有8课复习课。课文是按照"功能-结构"相结合的方法编写的，共有功能项目近30个。每课分为句子、会话、替换与扩展、生词、语法、练习等六个部分。[①] 该教材注重培养初学者运用汉语进行交际的能力，很适合刘老师学校九月份的新西兰短期班教学。我们以第7课"你家有几口人"为例看刘老师是怎样运用听说法进行教学的。

第七课 你家有几口人[②]

会话

大卫：刘京，你家有几口人？

刘京：四口人。你家呢？

大卫：两口人，妈妈和我。

刘京：你妈妈做什么工作？

大卫：她是老师。她在大学工作。

---

① 参见康玉华、来思平编著的《汉语会话301句》（北京语言大学出版社，2005年版）中的"前言"。

② 参见康玉华、来思平编著的《汉语会话301句》（北京语言大学出版社，2005年版）第57-65页。该课的课文有三个对话，我们选择的是第一个对话。课文的句子配有拼音，此处略去。

该课的主要目的是学习会话和两个句型("有"字句和介词结构"在+处所")。刘老师的教学程序如下：

1. 刘老师通过展示挂图、卡片或者通过肢体动作等方式向学生解释整个会话的意思。

2. 接着，刘老师让学生仔细听自己一句一句朗读会话，要求学生注意老师的语音语调。

3. 刘老师领读会话，直到学生已经熟悉了会话的内容。

4. 解决学生朗读中遇到的问题，并肯定学生正确的表现。如学生朗读"你家有几口人"不顺利，"两"的变调、"口"的发音也不准确。刘老师耐心地纠正，并示范、领读，直到学生掌握为止。

5. 朗读训练。刘老师让学生两人或两组分别扮演"大卫"和"刘京"进行会话；然后刘老师自己充当大卫的角色，让学生一起脱离课本复述会话。期间出现语音语调问题，刘老师一一纠正。

6. 进行句型操练。该会话有两个需要掌握的句型："有"字句和介词结构"在+处所"。刘老师引导学生进行练习：

　　(1) 替换
　　　　我家有<u>两</u>口<u>人</u>。(三 四 五)
　　　　<u>我家有两口人</u>。(他 哥哥 大卫；三本书 一条狗 一个弟弟)
　　　　她<u>在大学</u>工作。(在银行 在图书馆 在邮局)
　　　　她<u>在大学工作</u>。(教室 图书馆 商店；上课 看书 买东西)
　　(2) 转换
　　　　他有一个哥哥。→
　　　　他有哥哥吗？
　　　　他没有哥哥。
　　　　我妈妈在大学工作。→
　　　　你妈妈做什么工作？
　　　　我妈妈不在大学工作。

7. 学生集体复述会话。刘老师将会话中的关键词板书在黑板上，让学生脱离课本复述会话原文。在老师的提示下，学生齐声复述课文。大家的劲头很足。

8. 完成课文后面的笔头练习。

经过一个半月的教学，刘老师和她的同事发现效果很明显，12名同学都能用汉语和老师进行一般的汉语交流。结业典礼上，每个同学都做了自主发言，发音标准，句子流畅。刘老师和她的同事不禁产生了一种成就感。

【思考练习】

1. 听说法与直接法在教学原则方面有什么异同？
2. 听说法主张"注重口语，听说领先，读写跟上"。你认为该原则在各个教学阶段如何体现与实施？
3. 听说法与翻译法都主张在教学中排斥使用学生母语，二者有何异同？
4. 请你采用听说法的理念设计"是……的"句的操练环节。

【拓展阅读】

1. 王红梅．外语教学法主要流派评介［J］．山东科技大学学报（社会科学版），2004（3）．
2. 武和平，武海霞．外语教学方法与流派［M］．北京：外语教育与研究出版社，2014．
3. 徐子亮，吴仁甫．实用对外汉语教学法［M］．北京：北京大学出版社，2016．
4. 章兼中．国外外语教学法主要流派［M］．上海：华东师范大学出版社，1983．
5. 章兼中．国外外语教学法主要流派［M］．福州：海峡出版发行集团，福建教育出版社，2016．
6. 张正东．中国外语教学法理论与流派［M］．北京：科学出版社，2000．
7. 朱治中．二十多年来外语教学方法论辩论、发展及其趋势（上）［J］．国外外语教学，1983（2）．
8. Richards, J. C. & T. Rodgers. *Approaches and Methods in Language Teaching* [M]. Beijing: FLTRP, 2000.
9. Sweet, H. *The Practical Study of Languages* [M]. Reprinted London: Oxford University Press, 1899.

第四章 认 知 法

【案例导入】

刘老师今年所带班级是个汉语中级的混合班。班内学生年龄最小的16岁,最大的38岁,都来自欧美国家。年轻的学生较为活跃,年纪稍大的学生则较为内敛。按照教学大纲规定,他们使用《发展汉语·初级综合(1)》(荣继华编著,北京语言大学出版社,2011年版)一书作为教材。刘老师在了解班级学生各种信息后,决定采用认知法提倡的一些理念来组织教学。

【基础知识】

理 论 介 绍

1. 什么是认知法

认知法(Cognitive Approach)"是按照认知规律,调动学习者的智力潜能,努力去发现和掌握语言规则,创造性地活用语言的一种外语教学法体系"。(徐子亮、吴仁甫,2005:31)因为人脑的认知活动是依靠符号来编码或解码的,所以认知法也叫认知符号法或认知代码法(cognitive-code approach),20世纪60年代产生于美国。其代表人物是美国心理学家卡鲁尔(Carroll)。

认知法"是针对听说法的缺陷提出来的"(章兼中,2016:149),它反对听说法过分重视句型结构和过分依赖机械性的重复操练,主张在外语教学中应发挥学生的智力,注重对语言规则的理解和创造性地运用。因此,它的教学目标是全面地掌握语言,而不是只侧重听说。

2. 认知法的理论基础

在外语教学法的发展史上,认知法是作为听说法的对立面而产生的。20世纪60年代,科学飞速发展,国际的交流日益频繁,国际交流需要高层次、高水平的外语人才，但当时盛行的以培养口语能力为主的听说法已经不适应这种形势的需要，外语教学界要求用新的方法代替听说法的呼声越来越高。认知法正是在这样的背景下应运而生的。认知法的产生除了这些社会原因以外，也有语言学、心理学、教育学等学科领域的推动。

（1）认知法的语言学理论基础是乔姆斯基（Noam Chomsky）的转换生成理论。该理论认为语言是一种受规则支配的体系而不是习惯体系，人类学习语言不是单靠模仿记忆，而是一种有意识的、创造性的运用过程。

（2）认知法的心理学基础是认知心理学。该理论强调学习是一个感知、记忆、思维、想象的过程，是大脑抽象思维活动的结果，而不是简单的刺激—反应和模仿、重复。

（3）认知法还受到皮亚杰（Jean Piaget）的"发生认识论"以及布鲁纳的（J. S. Bruner）"学科结构论"和"发现学习论"等心理教育学理论的影响。皮亚杰认为人的活动即是对外界刺激做出相应的反应。没有这种活动，人就不能调整个体与自然界的关系，不能学会任何动作和知识。但人不同于动物，其特点在于人是有智慧的，无论是接受刺激，还是对刺激做出反应都是受认识结构支配的。布鲁纳提出在教学过程中要让学生掌握基本结构（概念、基本原理、规则）。他指出，不论我们选什么学科，务必使学生理解学科的基本结构。布鲁纳等教育家们还提出了教学要"以学习者为中心"的理论。根据这个理论，我们在教学过程中要让学生充分发挥积极性和主动性。规则、原理不应是由教师灌输给学生的，而应是在教师引导下让学生通过对所学对象的观察、分析、归纳等逻辑思维活动自己发现的，即所谓"发现学习"（discovering learning）。发现学习能激发学生的学习兴趣和强烈的学习动机，培养学生独立分析和解决问题的能力。（章兼中，2016：149-150）也就是说，认知法以前的教学法实际上都是教的方法，而认知法则一反过去的做法，注意对学生的研究，主张在研究"学"的基础上研究"教"的问题，使"教"与"学"有机结合起来。（章兼中，2016：152）

3. 认知法的基本原则

认知法主张在第二语言教学中发挥学习者智力的作用，通过有意识地学习语音、词汇、语法知识，理解发现掌握语言规则，并能从听、说、读、写四方面全面地、创造性地运用语言。在教学过程中，认知法遵守以下原则：（1）认知法以学生为中心，注重发展学生的语言能力，使学生能够运用有限的语言规则创造性地理解和生成无限的句子；（2）注重理解，在理解语言知识和规则的基础上进行操练，反对机械模仿；（3）主张听、说、读、写齐头并进，全面发展；（4）容忍学生的语言错误，主张对错误进行分析，只改主要错误，反对有错必纠；（5）主张适当使用学习者的母语，特别是要进行母语与目的语的对比分析；（6）提倡"运用直观教具和电化教学手段，使教学情景化、交际化"（章兼中，2016：155）。

4. 认知法的操作程序

认知法认为，成年人学习外语与幼儿学习母语之间有着很大的不同，因而对成年人来说，学习外语的教学过程可分为"语言理解""语言能力培养"与"语言综合运用"三个阶段。具体如下：

(1)语言理解阶段：成年人学习语言不同于幼儿在自然环境中的自然习得，而是在教室里由教师按照教学大纲和教材的规定与要求有目的、有计划地进行的。教学内容是从学生已有的知识出发，以旧带新，引出新的语言知识，并引导学生自己发现语言规则。教学期间不排除教师简单的讲解。从整个教学过程来看，该阶段是教师使用学生母语较多的阶段。该阶段约占总课时的1/4。

(2)语言能力培养阶段：认知法认为，所有人都具有天生的习得语言的能力。不同于幼儿的母语习得，成年人学习外语，仅仅理解语言知识是不够的，还必须具备正确使用语言的能力。外语语言能力是通过有意识的系统练习获得的。因为认知法反对无意义的机械性练习，所以"主张多做表达思想感情的练习"（章兼中，2016：157）。该阶段以学生操练为主，较少使用学生的母语。该阶段约占总课时的1/2。

(3)语言综合运用阶段：该阶段教学任务是组织学生用学过的语言材料进行听说读写训练。这一阶段是第二阶段的发展，目的是培养学生真实的交际能力，因此侧重于脱离课文的专门的交际性训练，方式有交谈、讨论、叙述、作文、翻译、角色扮演等。该阶段主要是进行交际性的言语活动，以学生为主，教师在旁边进行引导和必要的补充，基本上不用学生的母语。该阶段约占总课时的1/4。

认知法的操作程序图示如下：

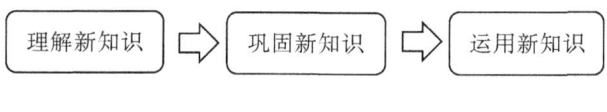

———● 简 要 评 析 ●———

认知法是作为听说法的对立面而产生的，被认为是经过改革了的现代翻译法，当然它与其他教学法一样都有着自己的优点与不足。

1. 认知法的优点

(1)把心理学研究的最新成果——认知心理学运用到语言教学领域中来，首创了对学习者的研究，使外语教学理论建立在更加科学的基础之上。

(2)强调以学生为中心，强调有意义的学习和有意义的操练，注重理解，能够充分调动学生的积极性和主动性。

2. 认知法的缺点

（1）认知法产生数十年来，一直没能形成一套完整的教学体系。

（2）从理论说，作为认知法理论基础的一些理论还处在形成和发展阶段，如转换生成语法体系怎样运用到教学实践中去等问题还需要进一步探索。

（3）从实践上讲，缺乏与该理论原则相适应的配套教材；该教学法在美国多用于教本国人学外语，而在国内外教他族人学英语基本上不用此教学法。

【案例分析】

《发展汉语》（第二版）主要供来华学习汉语的长期进修生使用，可满足初（含零起点）、中、高各层次主干课程的教学需要。该套教材采取"综合语言能力培养与专项语言技能训练相结合"的外语教学及教材编写模式，分为"三个层级、五个系列"，即纵向分为初、中、高三个层次，横向分为综合、听、说、读、写五个系列。其中，综合系列为主干教材，口语、听力、阅读、写作系列为配套教材。①

刘老师使用《发展汉语·初级综合（1）》（荣继华编著，北京语言大学出版社，2011年版）即《发展汉语》的初级综合版作为第一学期的教材。我们以该教材第 14 课的主要语言点"了 2"的教学为例来说明刘老师的教学过程。

认知法的教学过程包括三个阶段：语言理解阶段、语言能力培养阶段和语言综合运用阶段，具体如下：

1. 语言理解阶段

刘老师走进教室，与学生互致问候，点名，然后问学生："山田昨天怎么没来上课？"②其他同学回答："他昨天生病了。"刘老师赶紧把"他昨天生病了"板书在黑板上。接着问学生这句话什么意思，学生又答："He was ill yesterday."老师又问："你们吃饭了吗？"学生回答"我们吃饭了"，并回答出了句子的意思。老师带着学生对上一次学习的语言点"了 1"进行了复习。

接着刘老师说，"了 1"放在句子的末尾，用来"肯定事件已经发生或情况出现了变化。"今天我们学习的"了 2"与"了 1"不同，"了 2"用在动词后面，表示动作已经完成或者实现。刘老师板书"我买了一本书"，解释这句话的意思是"I bought a book"，并引导学生与"了 1"进行对比理解。

2. 语言能力培养阶段

在刘老师的引导与解释下，学生大致理解了"了 2"的意思与用法。接着刘老师说：好，现在请大家阅读第 147 页的课文：

---

① 参见《发展汉语》（第二版）的"总前言"。
② 昨天，山田生病了，向刘老师请假在房间休息。

今年冬天北京特别冷,很多同学都感冒了,我也感冒了。我们泰国冬天不太冷,不用穿很厚的衣服,可是在北京不行。昨天我去了一趟商场。商场里,冬天的衣服真多。我买了一件毛衣,还买了一件羽绒服。①

接着,刘老师让学生找出含有"了2"的句子,启发学生观察这些句子的特点,并按照不同成分将这些句子填入下面的表格中。

主语	动词	了2	数量短语	宾语

填完表格,刘老师在黑板上写下使用"了1"句子的格式,让学生把它与使用"了2"句子的格式进行比较:
(1) 主语+动词+宾语+了1
    我们吃饭了。
    他生病了。
(2) 主语+动词+了2+(数量短语+)宾语
    我去了一趟商场。
    我买了一件羽绒服。
接着,刘老师引导学生尝试给出"了2"句子的否定句与疑问句。
然后,为了检查学生是否真正理解了"了2"的意义与用法,刘老师在黑板上出了几个练习:
(1) 把下面的句子翻译成汉语。
    My girlfriend sent me a present.
    I drank a cup of tea.
(2) 改错。
    林娜买了水果。
    我吃一个苹果了。
通过做各种练习,学生巩固了关于"了2"的意义和用法。
3. 语言综合运用阶段
做完了练习,刘老师趁热打铁,让教学进入"交际练习"环节。首先,刘老师点学生回答:

---

① 课文选自《发展汉语·初级综合(1)》(第二版)第147页。原文标有拼音,此处略。

(1)你昨天穿了什么衣服？
(2)你昨天做了什么事？
(3)刚才我们做了什么？
(4)你们一共学习了多少课？

回答完以后，刘老师让学生做课后"练习一 模仿例子说说"，并将句子写在书上。遇到错误，刘老师就结合前面的规则进行点拨、纠正。

然后，刘老师让学生谈谈昨天他们都做了些什么事情。

最后，刘老师给学生布置家庭作业，要求学生将昨天各自做了什么写成一段话，第二天交给她。

到此，"了2"这个语言点全部讲完。刘老师感觉课前准备的很多内容给上课提供了较多的选择，教学环节层层推进，环环相扣，学生的主动性也给刘老师带来了极大的愉悦感。

【思考练习】

1. 通过阅读相关文献，你认为认知法与翻译法、直接法有哪些异同？
2. 在第三个阶段，除了刘老师使用的方法外，你觉得还可以使用哪些方法？
3. 你认为刘老师在第一阶段处理得好吗？如果你是刘老师，你会怎样做？
4. 如果让你运用认知法来讲汉语"被"字句(主语+被+宾语+动词+其他)，你如何来设计教学环节？

【拓展阅读】

1. 王红梅．外语教学法主要流派评介[J]．山东科技大学学报(社会科学版)，2004(3)．
2. 王建勋．对认知法的再认识[J]．基础教育外语教学研究，2003(7)．
3. 徐子亮、吴仁甫．实用对外汉语教学法[M]．北京：北京大学出版社，2005．
4. 章兼中．国外外语教学法主要流派[M]．上海：华东师范大学出版社，1983．
5. 章兼中．国外外语教学法主要流派[M]．福州：海峡出版发行集团，福建教育出版社，2016．
6. 张正东．中国外语教学法理论与流派[M]．北京：科学出版社，2000．
7. Richards Jack C. and Rogers Theodore S. *Approaches and Methods in Language Teaching*[M]. Beijing：Foreign Language Teaching and Research Press，2000.
8. Rod Ellis. *Second Language Acquisition and Language Pedagogy*[M]. Clevedon：Multilingual Matters，1992.

第五章 交 际 法

【案例导入】

周老师所在的班级是一个进修生班,学生已经在中国大学学了一个学期,汉语水平大部分达到了新 HSK3 级。他们学完一年汉语后将进入其他院系学习各自的专业。往年有些院系的老师反映,外国留学生根本听不懂,很难用汉语跟自己的导师进行沟通。周老师就此进行了调查与分析。她认为,这些外国留学生虽然都过了 HSK3,课堂上也能与汉语老师、同学进行流畅的对话,但是实际上他们只是具备了一定的汉语听说读写能力,他们的汉语交际能力还有待加强与提高。因此,周老师决定调整教学思路,将交际法所提倡的一些教学理念引入到她的汉语教学中来。

【基础知识】

理 论 介 绍

1. 什么是交际法

交际法(Communicative Language Teaching)是以语言功能和意念项目为纲,培养交际能力的一种教学方法。交际法学家认为,语言的基本功能是社会交际功能,所以外语教学的根本目标是培养社会交际能力,因此,交际法在初创时被称作功能法(Functional Approach)。因为交际法提倡以意念项目为主要线索组织教学,所以又称为意念法(notional approach)。在欧洲人文科学中"功能"也是"意念"或"语义单位"的同义词,因而功能法也被称为"语义-意念法"(semantic-notional approach)或"功能-意念法"(functional-notional approach)。实际上,交际法大致包括四种理论:功能意念论、认知论、语言习得论与人文主义论。对于交际法教学也是如此,有人将其归纳为六类,后来有人将其分为"强式"和"弱式"两类。① 因此,可以说交际法是一个多元理论复合体。

交际法的早期形式——功能法,产生于 20 世纪 70 年代初。创始人是英国语言学家

---

① 参见 Richards, J. C. & T. Rodgers, 2000: 64-83。

威尔金斯(D. A. Wilkins),代表人物有荷兰乌得勒支大学应用语言学院院长范埃克(J. A. Van EK),还有英国语言教育家亚历山大(L. G. Alexander)、威多森(H. G. Widdowson)等(章兼中,2016:163)。交际法教材的特点主要体现在结构、功能的结合上,在我国最为流行的是电视英语教学片《跟我学》。

2. 交际法的理论基础

20世纪70年代,西欧各国从"二战"的创伤中复苏,经济逐渐走向繁荣。为了加强各国之间在政治、经济、军事、科技等方面的联系,成立了欧洲共同体。一方面,经济、文化、科技的迅猛发展,巨大的劳动力市场吸引着世界各地的人前往欧洲寻找机会,对这些人进行外语培训成了亟待解决的问题。另一方面,随着加入欧洲共同体的国家不断增加,使用的语言也不断增多,语言不通成为一个障碍。要根本改变这种状况就必须尽快地培养大批具有欧洲共同体国家主要语言交际能力的人才,而"当时盛行于欧洲的情景外语教学法已经无法满足社会对外语人才提出的新要求"(武和平、武海霞,2016:81)①。在此背景下,1971年,欧洲共同体文化合作委员会在瑞士召开了对成年人进行外语教学的专题会议,讨论制定欧洲现代语言教学大纲。三年后,由一百多个专家共同努力制定出了欧洲主要语言教学的新教学大纲《入门阶段》和英语作为外语教学的《初阶》。20世纪70年代,英国语言学家威尔金斯的《意念大纲》(*Notional Syllabuses*)、威多森的《交际语言教学》(*Teaching Language as Communication*)等相继出版,标志着交际法正式登上了外语教学的舞台。

交际法针对传统教学法的弊端,提出了重视语言交际功能的观点,坚持以语言功能项目为纲来培养学生的交际能力,打破传统语言教学死气沉沉的课堂教学局面。交际法教学理论的产生有着深厚的语言学和心理学等方面的理论基础。

(1)语言学理论基础。交际法的语言学依据主要源于功能主义的语言学理论。语言有"形式"与"功能"两个方面,但传统的外语教学法,教学上强调教授语言形式。自从20世纪50年代以来,语言学家研究认为,相较于形式,功能更为重要。美国语言学家Chomsky(1957)提出语言研究应区分语言能力和语言运用。在他看来,一旦人们掌握了高度抽象的语言能力就能创造出无限的句子来。② 社会语言学家Hymes(1972)对此提出了不同看法。他指出,一个人语言掌握得好坏,不仅仅在于他能否造出合乎语法的句子,还包括他能否恰当地使用语言。因此,人的语言能力应该是他的交际能力,交际能力并不表现在一个人对语言形式掌握得有多好,而在于他运用语言参加社会活动的能力

---

① "情景法"是指在教学过程中,教师有目的地引入或创设具有一定情绪色彩的、以形象为主体的生动具体的场景,以引起学生一定的态度体验,从而帮助学生理解教材,并使学生的心理机能得到发展的教学方法。该教学法是由英国应用语言学家在20世纪30年代提出,发展到60年代逐渐成熟。

② 参见乔姆斯基《句法结构》,中国社会科学出版社出版,1979年版。

有多强。① 因此对语言要进行语体、语域和语言功能的分析，对学生施行有目的的教学，以培养学生的交际能力。交际法就是在这样一种理论基础上发展起来的一种新的外语教学思想。至今，它已经发展成为一种重要的外语教学方法。

英国功能语言学家韩礼德（M. A. K, Halliday, 1978）更进一步研究了语言的社会功能，提出了意义潜能理论。意义潜能研究的是语言的深层形式，与结构研究关注语言的表层形式不同。② 这种理论也对交际法的形成产生了重要的影响，意义潜能理论指导下的交际法改变了重视语言形式和语言结构的传统，转而重视、强调语言的社会交际功能在外语教学中的作用。

（2）交际法的心理学理论基础是意念论。"意念这个词属于心理学的范畴。思维是人的一种心理现象，作为人脑反映现实的思维活动形式，是人类共有的。人类的思维具有共同性和普遍性。操不同语言的各个民族有共同的意念范畴，特别是比具体意念抽象程度更高一级的意念范畴，而人的思维又可以分为有限的意念范畴，各个意念范畴又可以分为若干个意念项目，意念项目还可以分为细目，同一个意念项目，各个民族又用几乎完全不同的语言形式来表达。"（章兼中，2016：167）常用意念项目及其常用的语言表达形式，构成了某种具体语言的共同内核。因此，采用语言的功能进行教学就是运用这些共同的、有限的意念范畴以达到掌握一门语言的目的。

人们运用语言进行交际的过程有两个重要的方面：一是运用语言表达什么思想；二是怎样表达思想，即表达形式。由于人类的思维有共同的、普遍的意念范畴，所以常用意念项目就成为欧洲现代语言教学的共核，成为欧洲现代主要语言教学大纲的基础。由此，常用意念项目及其语言表达方式就成为现代语言教学的依据。交际法就在意念理论的基础上编写教学大纲。

3. 交际法的基本原则

根据 Jack C. Richards 和 Theodore S. Rodgers，交际法的教学原则具体表现为以下九个方面③：将语言意义放在首位；语境化是教学的基本前提之一；语言学习目的是学会运用语言进行交际；语体变化是教材选编设计的中心概念，只要能够引起学生的兴趣，语言功能、语义都可作为教学内容编排顺序的依据；使学生勇于投入创造性地使用语言的活动中，在不怕失误的体验中获得交际能力；以语境为尺度衡量语言使用的准确性；机械训练不作为主要教学手段；阅读语法和写作可以从初学开始；审慎使用母语。

---

① 参见 Hymes, D (1972). On Communicative Competence[A]. J. B. Pride and J. Holmes. Sociolinguistics[C]. Harmondsworth. Penguin.
② 参见 Halliday (1978). Language as Social Semiotic. London：Edward Arnold.
③ 参见 Richards, J. C. & T. Rodgers (2000). Approaches and Methods in Language Teaching, Beijing：FLTRP.

章兼中(2016)进一步将交际法的教学原则归纳为以下几点①：

(1)交际法教学强调学生是外语教学的中心。外语教学需从学生实际需要出发，确定教学目标，精选教学内容和教学方法。

(2)建立"单元-学分"体系，并以此组织教学。该教学法要求，根据学习者的学习目的将学生分成不同的小组，为各小组确定自己明确的教学目标。根据学习者的实际需求将教学内容分为不同的单元，单元与单元之间先后配合、相互关联构成一个整体。要求学生先学具有共性的部分，然后再根据各自的需求学习不同的单元。学完一个单元则获得相应的学分。

(3)以功能意念为纲，综合运用言语交际要素。意念分为普通意念和特殊意念，这是教学与教材编写的核心，同时注意考虑其他交际要素，如情景、社会、性别、心理作用、语体、重音和语调、语法和词汇以及身体姿势、手势、面部表情等语言辅助手段。

(4)教学过程交际化。交际法把言语交际作为全部教学的出发点，力求课堂中所学外语都能在实际生活中运用。外语教学、教材编写选择真实的言语材料、真实的情景，并在真实的交际过程中使用语言，切实培养学习者的言语交际能力。

(5)既重视基本目的语又重视特殊目的语。特殊目的语是指与某种职业、科目或者目标相联的第二语言。交际法重视在进行基本目的语教学的同时，注意训练学习者的特殊目的语，使教学更具有针对性与实用性。

4. 交际法的操作程序

一般来讲，运用交际法的教学过程包括接触、模仿范例练习和自由地表达思想三个步骤(章兼中，2016：181)，这是从学生的角度来说的。从教师的角度来看，可以分为展示语言材料、指导学生模仿练习与引导学生自由表达三个部分。我们采用教师的角度来说明：

(1)展示语言材料。上课一开始向学生展示丰富多彩的语言材料，让学生接触自然的对话，并在对话中接触多种多样的语言形式。对话是在逼真的情景中呈现和传授的，通常对话用一组画做背景，每张图画叙述对话中的一个内容。

(2)指导学生模仿练习。从学生各自对话所接触的各种语言形式中抽出一、二项语法内容进行模仿练习。学生不断重复模拟范例练习，便于在表达思想时能灵活使用同类的句型。学生通过多次模仿典型自然范例，掌握语言使用规则，然后根据这些数量有限的规则创造出数量无限的句子来，达到举一反三的目的。

(3)引导学生自由表达。在语言学习过程中，提供相应的情景，给学习者创造自由使用语言的机会和条件，如游戏、谈话、讲故事、角色扮演、讨论等，训练学习者各种交际技能，提高自由表达能力。

交际法的主要操作程序图示如下：

---

① 参见章兼中《国外外语教学法主要流派》(福建教育出版社，2016年版)第173-181页。

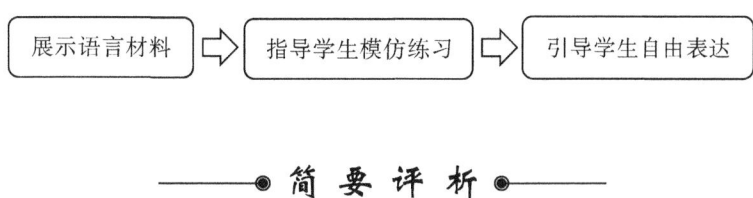

---● 简 要 评 析 ●---

1. 交际法的优点

交际法旨在发展学习者的交际能力以区别于那种纯粹的"语言"能力。交际法的特点是将语言的结构与功能结合起来进行交际教学。它要求我们不仅要培养学生听、说、读、写等方面的语言技能，还要教他们将这些语言技能灵活地运用到交际中去。交际教学法作为20世纪语言学研究的突破性成果，它有以下几个方面的特征，这也是它的优点所在。

（1）交际法强调语言教学要为学生的交际需要服务。语言教学的目的是通过语言来学习交际，获得交际能力。交际能力的核心就是能够运用所学语言在不同的场合中与不同的对象进行有效得体的交际，交际强调的是语言的意义和应用。

（2）课堂交际活动以学生为主体，由他们担任主要角色。教师的责任是选择、组织和促进交际活动的顺利开展。强调学生的主动性和相互作用，而不只是以教师为中心，能最大限度地保证学生的练习时间和练习量。学生由"配角"变为"主角"，处于更为积极主动的地位。

（3）交际法强调教学交际化，给学生提供运用语言的真实情景，重视发展学生的交际能力，在要求学习者正确运用语言的同时还注重语言运用的得体性。

（4）既重视基本目的语又重视特殊目的语，教学中考虑学生的实际需求，达到"学以致用"的目的。

（5）交际法强调语言的流畅性，对学生在学习过程中出现的错误保持一定的容忍度。由于交际法强调的是语言的意义和应用，在教学中放在首要地位的必然不是语言形式的正确性。交际法要求鼓励学生从初学阶段就能运用所学语言流畅地来表达思想、进行交际。学生的语言错误，被认为是不可避免的，教师不必见错就纠。

（6）交际法能创造融洽、自由的课堂气氛，使学生从古板、枯燥、压抑的课堂中解放出来，寓教于乐。

2. 交际法的缺点

（1）"功能-意念"项目多种多样，没有统一的标准和规定的项目。同时，以功能为主编写教材，打乱语法本身的系统，增加了学习语法的困难。

(2)如何处理语言能力和交际能力的关系,如何处理语法体系和功能大纲的关系仍有待解决。

(3)课程设置、考核、教法方面还存在着许多问题。在起始阶段,交际法使习惯于其他方法的学生感到困惑;同一功能可用多种形式表达,如何选择和取舍,没有客观标准,需要在实践中去探索,不断加以发展和完善。

(4)交际法排斥语法教学,造成语言质量下降。交际法在推动学生应用外语交际方面确实起到了积极作用,但是学生语言运用的质量并不高,往往是流利有余,准确不够。

(5)交际法对教师的能力要求更高。交际法要求教师具备更强的能力和适应性,同时还需在外语方面具有较强的能力,这样造成压力过大。

(6)交际法较难评估。测验和检查学生的语法能力较容易,但评估学生解决问题的能力却不那么容易。

(7)教材和教学设施在一定程度上制约着交际法的运用和交际活动的开展。此外,如果教学设备比较落后,在教学过程中则很难运用交际法。

(8)考试的形式影响了交际法的应用。各类考试大多测试学生的语言能力,而不是交际能力。大多数外语教师和学生都把精力用在做各类与考试有关的习题上,而忽视了学生的交际能力。由于考试的负面效应,使交际法较难实施。

【案例分析】

周老师这学期使用的教材是《发展汉语·初级口语(2)》。我们以周老师讲授的第三课"咱们去爬山吧"为例来展示她的教学过程。

"第三课"的教学任务是四项:(1)学习并掌握如何商量;(2)学习并掌握如何称赞;(3)学习并掌握如何说明;(4)学习并掌握如何接受。下面重点看周老师如何完成第一项任务的。

周老师走进教室,与学生互致问候,点名。然后周老师与学生一起将教室课桌的排列位置进行了调整,由成排排列调整成U形排列。接着,周老师把学生按两个人一组分成若干组,分别给每组的两个学生(A和B)发一张会话指令卡,如下:

学生A	学生B
你在校园里遇到了B。	你在校园里遇到了A。
A:跟B打招呼。	A:
B:	B:跟A打招呼。
A:问B去哪儿玩儿。	A:
B:	B:说去散散步。
A:跟B商量一起去看电影。	A:
B:	B:拒绝A的提议,提出另一个提议。
A:表示同意。	

结束指令对话后，周老师让两组代表来到 U 形围桌中间分别展示他们的对话，并总结汉语中"商量"的表达方法：

- ……，怎么样？
- ……，好吗？
- ……，行不行/好不好？
- 能不能……？
- 是不是……？
- ……，你说呢？
- 你看……
- 我觉得……

接下来，周老师播放了一个自己在校园里随手拍的视频。视频内容是周老师的同事们在一起商量"十一"放假去哪个饭店聚一下。杨老师说去创意城七楼吃新疆羊排，刘老师马上提出反对意见。阮老师提议去群光广场吃自助餐，但李老师觉得不好。最后大家一致同意程老师的看法，一起去秀玉红茶坊。周老师让学生注意听几位老师在说什么，特别是注意他们是怎么启动商量话语的，又是怎么提出反对意见的，为什么反对，等等。之后，周老师让学生讨论四位老师的看法与提出的原因，并说出自己的看法。然后周老师又按照刚才的方法将学生分成四人一组，分别扮演四位老师进行对话。

然后，周老师给出一个情景：天气越来越冷了，几个同学想一起去买衣服。可是买什么样的衣服呢？又去哪个商场买呢？他们以组为单位开始商量。在学生商量的过程中，周老师在他们旁边巡视，随时提供咨询与帮助，比如有个组的学生问她："'shoppingmall'用汉语怎么说呢？"周老师一一回答。会话准备结束，周老师让他们一组一组地汇报，周老师认真地听，并不时做记录，没有中途打断学生的会话。汇报结束，周老师分别对各组的汇报进行点评，尤其是对于商量方式的使用情况，周老师更是做了精细的点评与总结。

最后，周老师给他们布置了作业，要求他们结合上面的视频内容以一个参与者的身份也提出自己的建议，并写在本子上，下次上课交给老师。

【思考练习】

1. 通过拓展阅读，请说明语言能力与交际能力的含义及其关系。
2. 你认为交际法适合运用于什么样的课堂教学？
3. 周老师第一次给每组学生都分发了指令卡片，你认为周老师在卡片内容的设计上有什么特点？为什么这样设计？
4. 假如有个汉语初级水平的短期班，你是他们的汉语老师。今天上第 5 课"在医院"[①]，课文如下：

　　A：你哪儿不舒服？

---

① 该短文引自《汉语口语教程（初级 A 种本下）》（陈光磊主编，北京语言大学出版社，2000 年版）第 5 课。

B：我头疼，咳嗽。
A：什么时候开始的？
B：昨天晚上。
A：我想你是感冒了。吃点儿药吧。
B：这药一天吃几次？
A：一天吃三次，一次吃两片。

请你用交际法的理念设计你的这堂汉语课。

【拓展阅读】

1. 王红梅. 外语教学法主要流派评介[J]. 山东科技大学学报（社会科学版），2004(3).

2. 武和平，武海霞. 外语教学方法与流派[M]. 北京：外语教育与研究出版社，2014.

3. 章兼中. 国外外语教学法主要流派[M]. 上海：华东师范大学出版社，1983.

4. 张正东. 中国外语教学法理论与流派[M]. 北京：科学出版社，2000.

5. Brumfit, C. J. (ed.). *The Practice of Communicative Teaching*[M]. Oxford：Pergamon, 1986.

6. Brumfit, C. J. & K. Johnson (eds.). *The Communicative Approach to Language Teaching*[M]. Oxford：Oxford University Press, 1979.

7. Halliday. *Language as Social Semiotic*[M]. London：Edward Arnold, 1978.

8. Hymes, D. *On Communicative Competence*. J. B. Pride and J. Holmes. Sociolinguistics. Harmondsworth[M]. Penguin, 1972.

9. Richards, J. C. & T. Rodgers. 2000. *Approaches and Methods in Language Teaching*[M]. Beijing：FLTRP, 2000.

第六章 任务型教学法

【案例导入】

小黄老师是一名赴泰汉语教师志愿者。这学期她有个班,班里的学生缺乏好的学习习惯,上课打闹,很难安静下来学习,甚至还有几位被泰国本土老师剃了阴阳头,状况仍不见明显好转。小黄老师很是苦恼。她经介绍听了几次同事的课,然后认真分析自己的教学后,认为班级现状除了课堂管理不当之外,还有一个很重要的原因,那就是没有结合学生的特点采取针对性的教学方法。找到原因后小黄老师很高兴,她觉得小学生好动,兴趣容易转移,如果采取任务型教学法的相关理念,安排学生一边"玩儿"一边学,让他们在一个个"活动"中学习汉语,能不能扭转现状呢?小黄老师决定进行尝试。

【基础知识】

理 论 介 绍

1. 什么是任务型教学法

任务型教学法(task-types teaching)又叫任务教学法(task-based teaching),是指教师通过引导语言学习者在课堂上完成任务来进行的教学,是一种强调"在做中学"的语言教学方法。它由普拉布(N. S. Prabhu)于1983年正式提出,20世纪90年代在理论上逐步成熟。

任务型教学法,是交际教学法的发展,本质上仍旧属于交际法的范畴。该教学理论认为:掌握语言大多是在活动中使用语言的结果,而不是单纯训练语言技能和学习语言知识的结果。在教学活动中,教师应当围绕特定的交际和语言项目,设计出具体的、可操作的任务,学生通过表达、沟通、交涉、解释、询问等各种语言活动形式来完成任务,以达到学习和掌握语言的目的。

2. 任务型教学法的理论基础

任务性教学的研究始于20世纪80年代。英籍印度语言学家普拉布于1979—1983年在印度南部的班加罗尔地区进行了一项强交际法的实验(Bangalore Project)，主张让学生"在用中学"，课堂教学活动用任务形式呈现。这一教学实验，是把任务作为课堂设计单元的第一次尝试，并形成了任务型教学的雏形，因此引起了第二语言教学界的关注。(武和平、武海霞，1916：102)普拉布并不是任务的发明者，在第二语言教学课程中，任务作为课堂活动的单元，早已使用多年，而普拉布第一次系统地把任务作为第二语言课堂教学的重要组成部分进行了尝试。任务型教学法于20世纪90年代在理论上逐步成熟，20世纪90年代后期被称为"任务的年代"。

交际法的发展和第二语言习得研究成果是任务型教学法的两大理论来源。任务型教学还反映了建构主义的学习观和认知观，它强调输出，强调以内容为中心，强调互动和互动中的意义协商。这些都反映了第二语言习得理论的主流观点。

(1)语言学理论基础。任务型教学法的理论基础之一是"输入与互动假设"(input and interactionist hypothesis)(Ellis，1999)①。1982年，克拉申(Krashen)区分了语言学习的两个概念：学习和习得。② 学习是指通过教学有意识地学得语言；习得则是通过交际无意识地接触语言系统而掌握语言。克拉申强调，掌握语言大多数是在交际活动中使用语言的结果，而不是单纯训练语言技能和学习语言知识的结果。因此，学习者掌握语言必须通过"可理解性输入"(comprehensive input)，假如输入在一定程度上超出个人现有的水平，习得就自然而然地产生。Micheal Long (1992，1998)从第二语言学习理论出发，提出了"交互修正理论"(interactional modified theory)。他认为，可理解的语言输入能够产生语习得，但是语言输入变为可理解输入的最佳途径，就是会话双方在会话交互过程中不断地相互协商，对可能出现的理解问题进行交互修正，在交互的过程中引导对语言形式的注意。他提出了两个语言习得不可缺少的机制："对话性互动"和"变化性互动。"这样，学习者所需要的并不是简单的语言形式，而是可理解的输入与输出的机会。"变化性互动"与语言习得的关系是：a. 变化性互动可使输入成为可理解性；b. 可理解性的输入有利于语言习得；c. 变化性互动有利于语言习得。根据上述理论，外语课堂教学应具有"变化性互动"的各项活动，即任务。学习者在完成任务的过程中进行对话性互动，进而产生语言习得。

(2)心理学理论基础。任务型教学法的心理学基础是"建构主义"(constructivism)理论。这种理论认为，学生的知识主要不是来自教师传授，而是学习者在一定的情境(即

---

① 参见 Ellis, R. (1999). Making the classroom acquisition-rich. In R. Ellis (Ed.), Learning a second language through interaction (pp. 211-229). Amsterdam: John Benjamins.

② 参见 Krashen, S. (1982). Principles and Practice in Second Language Acquisition. Oxford: Pergamon Press.

社会文化背景)下,借助他人(包括教师和学习伙伴)的帮助,利用必要的学习资料,通过意义建构的方式获得的。建构既是对新知识意义的建构,同时又包含对原有经验的改造和重组。

3. 任务型教学法的基本原则

任务型教学法在课堂教学中遵循如下原则:

(1)辅助性原则。"辅助性原则"是指教师和教材应为学习者完成任务提供必要的帮助,在实施任务之前做好充分的铺垫和准备工作,在实施任务中给予必要的帮助和推动,在完成任务后帮助归纳、总结、反思、提高。[1]

(2)典型性原则。设计的任务对于特定的学习者而言应该能最集中、最恰当地体现其在目标情境下的活动;能够最有效地促进学习者在任务过程中发展某一方面的语言技能和语言交际能力。

(3)系统性原则。在任务的安排上,应注意任务内容之间的相互依存、相互联系、内容和形式的平衡、时间的先后、重要性上的轻重、交际学习的缓急等都要全盘考虑,斟酌取舍。

(4)"用中学"原则。在教学中,应积极鼓励学习者在使用语言中学习语言。无论是模拟真实语境的任务,还是着眼于交际互动过程的任务,让学生在基于内容的语言运用过程中学习语言。

(5)灵活性原则。课堂教学的情况是多变的,学习策略和学习方法也是多种多样的。教师和学生应该根据教学的情况灵活调整教学和学习的策略和方法。

4. 任务型教学法的操作程序

依据英国语言学家 Jane Willis(1996)提出的任务学习法的理论框架,概括地讲,任务型教学法的操作程序可以分为以下三个步骤。[2]

(1)任务前阶段(pre-task phase):教师引入任务,呈现完成任务所需的知识,介绍任务的要求和实施任务的步骤。任务的设计是任务教学法的关键。根据教学的内容,教师通过分析学生的现状和需要,确定该课的目标,即确定该课教学任务,并把这个任务从几个方面分解为几个具体而简单的小任务。教师和学生都围绕如何完成具体的任务进行。教师思路清晰,学生学习目的明确,通过小任务的解决来完成大任务。

(2)展开阶段(during-task phase):以个人、双人、小组等形式执行各项任务,小组向班级报告任务完成的情况。这是一个在明确的教学任务指引下,学生主动探究摸索,

---

[1] 参见龚亚夫,罗少茜. 任务型语言教学[M]. 北京:人民教育出版社,2006.
[2] 参见 Jane Willis, J. A Framework of Task-based learning[M]. London: Longman, 1996.

独立自主寻求问题、发现问题、逐渐尝试完成任务的过程。在整个过程中，按照"个人探究—小组讨论—各组汇报—教师总结"的模式进行。学生根据已有的知识积累，以组为单位围绕小任务开展讨论并把讨论结果向全班汇报。结果可能不完整，不过教师以鼓励为主，不要急于补充内容。

（3）任务后阶段(post-task phase)：由分析(学生分析并评价其他各组执行任务的情况)和操练(学生在教师指导下练习语言难点)两部分组成。

任务型教学的关键在于任务设计。任务的设计必须具有意义性、可操作性、真实性、差距性和拓展性等特点。教师结合课文设计一些学生熟悉的和符合生活实际的教学活动，创造真实的或相对真实的语言环境。在学习过程中以学生的活动为中心，教师的作用是指导者、组织者、引导者和答疑者。学习者在完成任务的过程中，不再是被动地接受语言知识，而是主动地开动脑筋，积极参与各项活动，因而大大地活跃了课堂气氛，激发了学习兴趣，发挥了学生的潜能，使学生成为学习的中心。教师引导学生在一个个任务驱动下展开教学活动，由表及里、逐层深入、逐步求精地完成一系列任务，从而帮助学习者逐渐获得清晰的思路、方法和知识脉络。

任务型教学法的主要操作程序图示如下：

———● 简 要 评 析 ●———

1. 任务型教学法的优点

任务型教学法反映出外语教学从重视语言知识转向重视语言交际能力的培养，体现了外语教学从重视教师的作用转向了重视学生的作用，从以教师为中心转为以学生为中心的发展过程。其优点是：

（1）完成多种多样的任务活动，有助于激发学生的学习兴趣。

（2）在完成任务的过程中，将语言知识和语言技能结合起来，有助于培养学生综合的语言运用能力。

（3）促进学生积极参与语言交流活动，启发想象力和创造性思维，有利于发挥学生的主体性作用。

（4）活动内容涉及面广，信息量大，有助于拓宽学生的知识面。而且，在活动中学习知识，培养人际交往、思考、决策和应变能力，有利于学生的全面发展。

（5）任务型教学活动中，在教师的启发下，每个学生都有独立思考、积极参与的机会，易于保持学习的积极性，养成良好的学习习惯。

2. 任务型教学法的缺点

(1)由于任务型教学法经常占据了大半的课堂时间，使得学生关注语言学习和练习的时间大大缩短。课堂教学中，"任务"往往喧宾夺主，完成任务反而影响了学生的语言学习。"只注重学习过程，不注重学习结果"就是人们对它主要的诟病。

(2)在学生对词汇、句型结构还掌握得不够熟练的时候要求学生将所学的东西灵活运用到沟通和任务中，可能导致学生没有扎实的语言基础，进而增加学生的挫败感。

(3)任务型教学法的真正受益者是那些语言程度较好、自律能力较强的学生。他们能够自行进行学习监督，任务评价，并从任务学习中受益。反之，那些学习基础较差、自律能力不强的学生可能难以完成任务，教学效果就会很差。

(4)任务型教学法对教师要求极高。由于任务型教学法要求教师使用含有真实语言的教学材料，因此教师在材料的准备和任务的设计方面需要花费极大的时间和精力。要设计针对不同学习程度的学生适用的任务，对于老师来说也是一个艰巨的任务。任务型教学法要求教师有很高的课堂管理能力，既要监督学生任务的完成情况，又要控制任务完成的时间，还要兼顾不同程度的学生，这些都要求教师有丰富的教学经验和教学技巧。

(5)任务型教学法涉及的主要是解决问题方面的语言，其他方面的语言内容涉及较少，不利于学生系统地进行语言学习。

(6)此外，任务型教学法中任务的难易程度很难分级。

【案例分析】

小黄老师采用任务型教学法的有关理念组织课堂教学，开始有点儿困难，学生不懂她的指令，完成"任务"变成了玩儿，课堂乱哄哄的。于是，黄老师让学生掌握自己常说的教学用语。然后黄老师制定了一套班级"奖惩制度"，引导学生遵守学习纪律，培养他们好的学习习惯。在她耐心的引导下，学生慢慢地能够按照要求来完成各自的任务了，而且以前调皮的学生也能积极地参与进来。小黄老师使用的是汉办指定的教材《体验汉语(英语版)》(朱晓星等编，高等教育出版社出版)。该教材根据体验式教学理念和任务型教学思想而设计，以基本生活需要为依据，以实用的交际任务为编写主线，注重听说技能的培养。全书一共有十二个单元，并有一个"拼音训练"。我们以第三单元"那件毛衣怎么卖"为例看小黄老师是怎样运用任务型教学法进行教学的。

1. 小黄老师走进教室，跟学生互致问候，然后大致按照汉语水平的高低把学生分成三个小组。

2. 接着，小黄老师告诉大家，今天的学习任务是"购物"，要求三组分别购买水果、蔬菜和衣服，然后制订购买计划。

3. 然后，小黄老师向学生展示一些图片，要求他们用汉语说出图片的名称，并让他们按照"水果""蔬菜"和"衣服"给这些图片进行分类,并贴在黑板上。做完这些,小黄老师带领学生朗读这些词语。

4. 接着,小黄老师向学生交代他们各自要完成的任务,之后给三个小组分别发放所需的商品信息单、任务提示卡与任务清单。商品信息单是从商场或超市拿到的广告单,并配上了汉语任务提示卡是任务内容与语言提示,例如:

五个同学一组,你要告诉同伴你要买什么水果/蔬菜/衣服?买多少?

注意:现在最好买什么水果;

　　　根据人数应该买多少;

　　　要买新鲜的蔬菜,多吃蔬菜对身体有好处;

　　　买毛衣可以买大一点儿的;

　　　……

你可以用这些句型:

1. 我想买……
2. ……太贵了,便宜点儿,行吗?
3. ……多少钱一斤?
4. 这(那)件……怎么卖?
5. ……一共多少钱?
6. ……太小/大了,有大/小的吗?

任务清单则是完成任务的具体情况,如下:

水果/蔬菜/衣服	数量	多少钱
苹果	三斤	七块五
草莓	一斤	八块
……		

5. 任务布置完以后,小黄老师和第一组学生示范怎样完成任务:

老师:你们想买什么水果?

学生$_1$:我想买苹果,苹果很好吃。

学生₂：我想买草莓，草莓也很好吃。
老师：好，那么你们去买吧。
学生₁：你好！你想买什么？
学生₂：我想买苹果。多少钱一斤？
……

然后，小黄老师要求三组学生用汉语讨论各自的任务，并填写任务清单，自己则在旁边观察他们完成任务的情况。

6. 讨论完毕，小黄老师让每组选派两名代表上讲台把各自完成任务的情况表演出来，并展示填好的任务清单。

7. 最后，小黄老师引导学生从语言表达、完成购买任务的情况等方面进行点评，表扬任务完成出色的学生，指导不够好的学生如何更好地完成任务。

【思考练习】

1. 请谈谈任务型教学法与交际法之间的联系。它有哪些优势与不足？
2. 通过拓展阅读，你认为采用任务型教学法进行教学，教师应该具备哪些方面的能力？
3. 在这个案例中，你认为哪些环节属于任务前阶段，哪些属于展开阶段，哪些属于任务后阶段？
4. 如果你面对的是成年人，今天的教学内容是"择偶标准"。你认为可以采用任务型教学法进行教学吗？如可以，请用任务型教学法的理念进行教学设计。

【拓展阅读】

1. 程可拉. 任务型外语学习研究[M]. 广州：广东高等教育出版社，2006.
2. 程晓堂. 任务型语言教学[M]. 北京：北京高等教育出版社，2004.
3. 龚亚夫，罗少茜. 任务型语言教学[M]. 北京：人民教育出版社，2006.
4. 鲁子问. 任务型英语教学简述[M]. 学科教育，2006(8).
5. 王红梅. 外语教学法主要流派评介[J]. 山东科技大学学报(社会科学版)，2004(3).
6. 魏永红. 任务型外语教学研究[M]. 上海：华东师范大学出版社，2004.
7. 武和平，武海霞. 外语教学方法与流派[M]. 北京：外语教育与研究出版社，2014.
8. 吴中伟. 输入、输出和任务型教学[J]. 华东师范大学学报，2008(1).
9. 余泽标. 任务型教学研究现状[J]. 重庆师专学报，2005(2).
10. 章兼中. 国外外语教学法主要流派[M]. 福州：海峡出版发行集团，福建教育出版社，2016.
11. 张正东. 中国外语教学法理论与流派[M]. 北京：科学出版社，2000.

12. Nunan, D. *Designing Tasks for the Communicative Classroom* [M]. Cambridge: Cambridge University Press, 1989.

13. Nunan, D. *Task-based language Teaching* [M]. Cambridge: Cambridge University Press, 2004.

14. Prabhu N. S. *Second Language Pedagogy: a perspective* [M]. Oxford University Press, 1987.

15. Willis D. *A Framework for Task-Based Learning* [M]. London: Longman Press, 1996.

第七章 汉语教材的选择与使用

【案例导入】

　　小王老师是国家汉办派往泰国的汉语志愿者教师,她被安排在一所小学教汉语。校方说教材由教师自己确定,通过一番调研她得知,学校可供选择的教材有三种,一种是《体验汉语》,一种是《汉语乐园》,这两种都是中国国家汉办赠送的,还有一种是泰方编写的《中文》。于是她向泰方同事请教,他们说他们过去一直使用《中文》,可是小王觉得《中文》编写得比较粗糙,可是到底选用哪一本呢?如果确定了教材,又怎样有效地使用呢?这些问题困扰着小王老师。

　　在选择教材前我们应该先了解教材选择的有关知识。

【基础知识】

● 教材的选择 ●

　　教材是供教学用的资料,如课本、讲义等。广义的教材是指课堂上和课堂外教师和学生使用的所有教学材料,比如课本、练习册、活动册、故事书等。课程的核心教学材料又叫教科书。在第二语言教学活动中,教材编写与选择是其四大环节之一,因此,当我们正式开展汉语教学之前,教材的编写与选择是其中一个非常重要的工作。对国际汉语教师来说,在很多时候选择教材可能更加重要。[①] 比如,从《汉语教科书》(邓懿等主编,商务印书馆,1958年版)出版到现在,对外汉语教材建设经历了一个种类不断丰富、数量迅猛增长、质量逐步提高的过程。汉语教材越来越丰富,教师选择的空间也就越来越大。另外,各种教材大多具有自己的优点与局限,甚至有的还存在这样那样的问题,这样就给我们老师选择教材提出了挑战,到底哪套教材更加适合我们的教学和学生呢?选择教材要遵循什么原则呢?

1. 选择的原则

　　(1)针对性。针对性是指,选择的教材一定要适合使用对象的特点。这些特点包

---

① 正是因为很多时候选择教材更为重要,所以本章主要讨论的是教材的选择问题。

括：①学习者的年龄(是儿童还是成人)、国别(是欧美的学生还是日韩的学生)、文化程度(是初中生、大学生还是研究生)特点，等等。②学习者的学习目的，是专业目的还是旅游目的，等等。③学习者学习的起点，是汉语零起点、初级还是中级、高级。④学习时限的长短，包括总的学习时限和周课时，教材所要达到的目标必须在时间许可范围之内。短期班不能用长期班教材，强化班也不宜用普通班教材。

（2）实用性。第二语言教材不同于语言学教材，前者用于培养语言技能和能力，后者则重在传授专业知识、培养理论素养。因此，选择的教材必须要具有实用性。实用性主要体现在以下几个方面：①教材内容要从学习者的需要出发，是学习者进行交际活动所必需的，是在生活中能马上用得上的，也是学习者急于要掌握的。②语言材料必须来源于生活、来源于现实，要有真实性。③要有利于贯彻精讲多练的原则。提供必要的理论知识，更要提供大量的、充分的练习。④要有利于开展交际活动，使教学过程交际化。

（3）趣味性。优秀教材不仅要具有针对性和实用性，还必须具有趣味性。趣味性主要体现在：①教材的趣味性与教材的实用性、交际性紧密相关。②教材内容要反映现实，是学习者所关注的话题。③教材内容要逐步加大文化内涵，多方面介绍目的语文化。④教材要多样化。题材、体裁、语言风格等要多样，同时也要有丰富多彩的练习方式。此外，具有趣味性的教材，其板式设计新颖，装帧美观，插图生动。

（4）系统性。教材的系统性主要体现在三个方面：①知识系统，语言要素、技能等安排平衡协调。②不同阶段教材之间要能衔接。③不同技能教材之间要能互相配合。

2. 影响教材选择的因素

全部具备四条原则的教材少之又少，实际上在教学中一般要求选择合适的教材即可，而选择合适的教材要受到以下因素的影响。

（1）学习目的。国内的对外汉语教学，学生学习汉语常见的有三种情况：一是为了学习专业，一般情况是一年汉补，参加汉语水平考试，然后进院系学习专业。二是学习汉语言专业。三是为了研究、职业等的需要学习汉语。

第一种情况的学生相当部分是汉语零起点的学生，即长期进修生。可以选择北语的《发展汉语》系列、《成功之路》系列，北大的《博雅汉语》系列，等等。此外，为了帮助学生尽快适应进入院系学习专业的需要，在进行通用汉语教学的同时，可以考虑增加专业汉语的课程。专业汉语教材可以选择北语社的《科技汉语》、北大出版社《商务汉语》系列、外研社的《实用医学汉语》系列等。

第二种情况的学生属于学历生。一年级可以选择汉语预科的教材，但为了教学内容的连续性一般选择配套的教材，如北语的《汉语教程》等。

第三种情况，属于短期培训，利用假期来中国学习数周，在学习的同时进行旅游观光，亲身体验了解中国当前的社会、经济现状。据此我们可以选择一些短期的语言或文化教材。参见下面的部分。

(2)汉语水平。学习的起点不同,对教材的要求也不同。学习的起点包括零起点和有一定的汉语基础。如果有一定的汉语基础,还要区分原有基础的水平等级。现在比较通行的分法是初、中、高三个等级,因此我们至少要求有三种起点或三种水平等级的教材,不同水平等级的教材最好能互相衔接。

(3)学习时限。学习时限包括两个方面的内容:一是学习多长时间,例如数周、半年、一年、两年、四年等;二是周课时和总课时,即每周学习多少课时,一共学多少课时。学习对象不同,对教材的要求也不同,因此要针对不同的学习时限选择不同的教材。

数周、半年的,可以选择短期培训教材或短期强化教材。一年至四年的,根据学生的汉语水平选择教材。

(4)学生年龄。一般分为儿童教材和成人教材。最近几年,国内外出版社开发了很多儿童汉语教材。如北语的《汉语乐园》(3个级别,每个级别包括学生用书2本、活动手册2本、词语卡片1本、教师用书1本)、北大出版社的《双双中文教材》系列(1~9册,10~20册为文化常识)、世界图书出版公司的《快乐儿歌》(1册十单元)等。

(5)学生母语。第二语言教材,特别是初级教材,大多配有外语翻译。翻译可以帮助学生准确理解词语和解释的意思,同时也有利于学生自学。但最好选用有学生母语翻译的教材。

(6)课程设置。课程设置也会影响到教材的选择。周课时的多少、是否分技能设课等,这些都会影响到我们对教材的选择。

尽管影响教材选择的因素较多,但有两点要注意:

(1)选择的教材一定要具有针对性。该教材是不是按照既定的大纲编写的,有没有确定的使用目的与对象,该教材体现了什么外语教学理论等。

(2)如果是系列教材,一定要认真研读所有的教材,了解作者的编写意图,体会其长处与不足,提前为教学做好准备。

此外,在国外从事汉语教学,还要考虑所在国的教育制度、外语教学法规、外语教学传统等因素,教材的选择可能会受到更多因素的影响。因此,小王老师可以综合上述各种因素决定选择哪种教材。不过,她可以询问使用过《体验汉语》《汉语乐园》的同事,了解使用的效果。如果效果好,完全可以使用。如果因为别的原因不能使用(比如这两种教材每年都无法及时到位),她可以选择泰方编写的《中文》。尽管自己觉得该教材编写得比较粗糙,但是可以在"如何使用"上下工夫。

── ● 教材的使用 ● ──

考虑各种相关因素确定了教材,接着就要针对本班学生的特点和教学要求,确定教学重点,编写教案,开展课堂教学。同时,在教学过程中根据教学反馈和使用的体会对教材内容做出适当处理。

有经验的教师往往能够以选定的教材为基础,根据学生具体情况充分利用相关教学资源,创造性地使用教材,以达到最佳教学效果。我们可以将这种创造性的教材使用称为"教材整合"。"教材整合"有三种情况:

1. 教材内整合

教材内整合,意味着课堂教学顺序并不一定是按照教材中的顺序。我们以《新实用汉语课本(1)》中的"第八课 你们家有几口人"为例。

该课的内容依次为:生词、课文、注释、语法、练习。

教师上课可以对教学内容进行适当整合,比如教学步骤可以安排为:

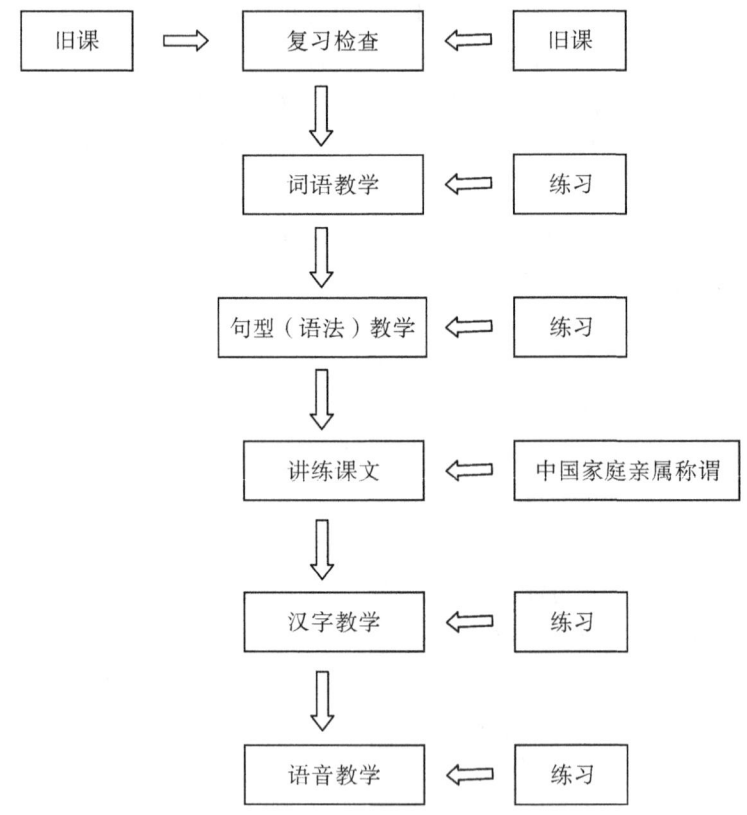

实际上,这种"教材内整合"很多老师在课堂教学中都用过。这种方法的好处在于,整个的教学活动始终处于"讲—练"之中,学生不容易过分疲劳,同时也有利于巩固知识,并将知识转化为技能。

2. 教材外整合

教材外整合，是指各分技能教材之间的整合。我们认为，任何一种课型的课堂教学都不是单一的，而应该是以该课型训练的技能为主综合训练其他的技能。例如，听力课并不仅仅只是训练学生的听力技能，还要培养训练学生的听说读写的综合能力。口语课也不仅仅只是培养训练学生的口语能力，也应该是以训练口语能力为主，培养训练学生听说读写的综合能力。其他的课型亦如此。也就是说，每种分技能课型内部都是一个小综合。

基于此，我们在使用分技能教材时应该参考配套教材，即使没有配套教材，我们也应该将相关技能训练的内容整合进去。我们以短期培训教材《体验汉语（留学篇）》第3课为例。该教材属于短期综合性教材。第3课的内容顺序：词语、句子、情景（情景对话）、活动（练习）。我们可以将相关技能训练整合进去，如：

(1)复习检查

(2)听写生词

(3)听短文回答问题

(4)学习生词—(5)练习

(6)学习课文(读、背诵)—(7)练习(回答问题、完成对话)

(8)情景表演

……

"教材外整合"既能在一定程度上保持学生学习的兴奋点，同时又能达到培养训练学生听说读写综合能力的目的。

3. 多介质整合

教材整合不仅仅体现在教材内外整合上，还体现在多介质整合上。目前汉语教学需要的教材应适应以下几种要求：(1)适应新的教学对象的需求，教学对象由国内扩展到海内外；(2)适应新的教学形式的需求，新的教学形式包括来华留学生汉语教学、海外汉语教学、华人子弟汉语教学、海内外网络教学；(3)适应新的教学内容的需求，新的教学内容是适应海内外教学的内容。

因此，我们应该利用网络快捷、克服时间与地域限制的优势，构建以计算机为媒介与载体，配合纸质、音像等多介质的立体的教材体系。这种多介质教材的整合，可称之为资源性教材。资源性教材具有很多优点：(1)教材要素具有"基元性"，教师可以根据教学需要(前文提到的各种因素)自行组装；(2)可以满足各个教学环节的需要；(3)世界各地都可以现时使用。正是因为这些优点，资源性教材将是教材发展的一个方向。

我们在课堂教学中，可以利用网络的优势，对不同介质的相关资源进行整合，为自己的教学服务。不过，这种教材整合虽然对我们的教学有用，但太耗费时间，所以可以建立教学团队，集体做。另外，对于不同介质的教学资源我们还应该根据具体的教学对象作出取舍，或进行区别对待。如有些内容可以在课堂教学上使用，有些则可以让学生自己课下自学，即作为拓展知识。有些作为主要的教学内容，有些则可以作为教学的辅助，等等。

【案例分析】

案例导入中，小王老师面临一个难题：是选择《体验汉语》《汉语乐园》，还是《中文》呢？甚至是自己现编呢？这得考虑考虑。既然已经有了三种教材，我们认为，没有必要自己重新编写一套，再说时间上也来不及。因此，就剩下教材选择的问题。建议小王老师先研读一下这三种教材的编写说明，了解它们各自的特点、适用对象、使用时间的长短等，初步判断哪种教材适合所教的班级。然后可以跟同事进行交流，了解他们教材使用的情况。如果他们一直使用《中文》，可以向他们了解一下该教材的优缺点，请教使用的建议。如果小王老师觉得《中文》确实不适合本班的教学，完全可以选择《体验汉语》或《汉语乐园》，认真备课、上课。建议适当的时候小王老师可以邀请同事，特别是泰方本土教师来自己的课堂听课观摩，向他们展示你使用新教材的方法与效果。当然，如果选择《体验汉语》或《汉语乐园》有一定的阻力或难度，小王老师也可以使用《中文》，她可以考虑通过"教材整合"，尤其是"多介质整合"来弥补教材编写的不足。

【思考练习】

1. 什么是外语教材？
2. 在对外汉语教学史上，汉语教材主要经历了哪些阶段？通过课外阅读了解对外汉语教材发展中各阶段有何特点。
3. 教材选择与使用要考虑哪些因素？
4. 卢老师被汉办派往一个太平洋岛国从事汉语教学工作。该国首次开设中文教学课程，校方将该任务全部交给了卢老师。他觉得，自己不仅是为学校，而且也是为一个国家首创中文系，他感到光荣的同时更觉得责任重大。除了一些行政事务之外，卢老师考虑更多的是教学大纲、课程设置、具体教学的开展。其中，具体教学的开展就涉及教材选择的问题。如果你是卢老师，你如何确定该校的教材？请谈谈你的计划。

【拓展阅读】

1. 程乐乐. 论汉语国际推广形势下的教材编写与使用[J]. 华中学术，2011(3)。
2. 李泉. 对外汉语教材研究[M]. 北京：商务印书馆，2006.
3. 李泉. 对外汉语教学理论思考[M]. 北京：教育科学出版社，2005.

第八章　汉语课堂教学

【案例导入】

　　了解了学生的相关信息，选定、研读了要使用的教材，接下来就是课堂教学了。但是要真正上好一门课，还需要了解汉语课堂教学的相关知识，具备相关的能力，比如，课堂教学有哪些要素，各要素有什么特点，作为一名对外汉语老师要具备哪些课堂教学意识，课堂教学过程是怎样的，有哪些教学环节，如何处理各个环节等。有的看似简单，但真正做时又感觉无从下手，特别是对刚入职的老师来说，更是如此。因此，在选定教材之后，我们还需要了解、具备汉语课堂教学的相关知识与能力。

【基础知识】

● 课堂教学原则 ●

　　经过几十年的经验积累与研究探索，人们将汉语作为第二语言教学/对外汉语教学原则归纳为以下十点①：
　　(1)掌握汉语的基础知识和基本技能，培养运用汉语进行交际的能力。
　　(2)以学生为中心、教师为主导，重视感情因素，发挥学生主动性、创造性。
　　(3)结构、功能、文化相结合。
　　(4)强化汉语学习环境，加大汉语输入，自觉学习和自然习得相结合。
　　(5)精讲多练，在语言知识的指导下以言语技能和言语交际技能的训练为中心。
　　(6)以句子和话语为重点，实施语音、词汇、语法、汉字综合教学。
　　(7)听、说、读、写全面要求，分阶段侧重，口语、书面语协调发展。
　　(8)利用母语进行与汉语的对比分析，课堂教学严格控制使用母语或媒介语。
　　(9)循序渐进，螺旋式提高，加强重现。
　　(10)加强直观性，充分利用现代化教学技术手段。
　　上述十大原则是汉语作为第二语言教学/对外汉语教学的宏观原则，《高等学校外

---

① 参见刘珣《对外汉语教育学引论》(北京语言大学出版社，2000 年版)第 305-311 页。

国留学生汉语教学大纲(长期进修)》给出了六条教学原则,主要是针对课堂教学①:

(1)以学生为中心,充分发挥教师的主导作用。
(2)在教学过程中,注重实践性,着眼于提高学生的汉语交际能力。
(3)从学习者的实际需要出发,注重教学内容的实用性。
(4)采用多样化的教学方法,充分利用现代化的教学手段。
(5)坚持课堂教学语言的规范性和可接受性。除十分必要时可适当使用某种外语外,一律使用规范的普通话,其语速和用词等要适合学生实际接受水平。
(6)充分利用汉语言文化的大环境,组织多种形式的语言实践活动。

课堂教学要素

课堂教学是教育教学中普遍使用的手段,是教师给学生传授知识与技能的全过程。它主要包括教师讲解、学生问答、教学活动以及教学过程中使用的教具等。课堂教学是把年龄与知识程度相同或相近的学生分在一起,编成固定人数的班级集体,按各门学科教学大纲规定的内容,编写教材和选择教学方法,并根据固定的时间表,向全班学生集体授课的教学组织形式。

关于课堂教学构成要素的讨论,大家的看法不一,不过"教师""学生"与"教学内容"是大家公认的,因此,我们可以说,课堂教学主要由"教师""学生"与"教学内容"构成。这三个要素的配合影响着课堂教学的效果与最终的教学质量。

1. 教师

教师是指受过专门教育和训练的,在学校中向学生传递知识与技能,把受教育者培养成社会需要的人才的专业人员。在学校里,教师主要扮演知识的传播者,学习的发动者、组织者与评定者的角色。教师的这一角色主要是通过教学活动来实现的,在教学过程中,教师根据教育教学的规律和学生身心发展特点,组织一系列活动,调动学生学习的积极性,以使他们牢固地掌握科学文化知识,发展多方面能力。教师的知识素养、教学风格与言谈举止会对学生产生巨大影响,因此,教师因素在课堂教学的构成中具有重要地位。

在汉语作为第二语言课堂教学中,教师同样具有重要的作用。尽管在不同的第二语言教学法中,教师有着不同的地位,但是,有一点却是肯定的,那就是在第二语言教学中教师因素不能忽视。目前我国对外汉语教学界在借鉴国外各种教学法的基础上,结合汉语教学的实际,提倡在汉语教学中遵循"以学生为主体,以教师为主导"的教学原则,

---

① 参见国家对外汉语教学领导小组办公室,《高等学校外国留学生汉语教学大纲(长期进修)》(北京语言大学出版社,2002年版)第17页。

启发和引导学生参与语言教学的全部活动。课堂教学的主要活动也应是在教师指导下的有效操练而不是单纯讲解或放任学生自由活动。"教师要有明确清醒的课堂教学意识：对外汉语的课堂教学形式是以练为主，以讲为辅，课堂教学过程是一个师生共同参与讲练的互动过程。"①由此我们可以看出，教师在课堂教学中的作用，大致体现在三个方面："教师讲解""教师点拨(启发和引导)"与"组织学生操练"。② 因此，可以说教师在对外汉语课堂教学中的地位是相当重要的。

作为一名对外汉语教师，应该具备职业意识与教学意识。陆俭明(2005)认为汉语教学要不断提高自身的素质，首先需要做到：(1)树立很强的学科意识；(2)树立很强的学习、研究意识；(3)树立自尊自重的意识。③ 陆先生是从宏观的角度来说的，具体到课堂教学，对外汉语教师应该具备较好的课堂教学意识，主要包括：课程性质意识、教学目的意识、教学内容意识、教学对象意识、教学方法意识、教师的控制意识等。④

(1)课程性质意识。教师在接受教学任务时，要清楚自己教的是一门什么性质的课程，是语言知识课还是语言技能课，是语言课还是文化课，是综合课还是单项技能课等。性质不同采取的教学方法也不同。

(2)教学目的意识。教学目的意识是指教师要清楚自己的教学目的是什么。根据不同的教学阶段，教学目的意识可以概括为5个层次：语言课堂教学的根本目的、每种课型的目的、每堂课的目的、每个教学环节的目的、每个教学行为的目的。从后往前，每个教学目的都是为了达到上一级的目的，而"语言课堂教学的根本目的"则是最终目的，即培养、提高学生使用目的语进行交际的能力。

(3)教学内容意识。教学内容意识是指教师要对所教的内容有全面的认识，熟悉教学内容，了解教学内容内部的联系，知道先教什么，后教什么，如何过渡，要有合理的安排，而且对语言要素、语言技能、语言交际技能能够融会贯通。除此之外，教师还应该能够根据学生的实际语言水平，科学地处理教材，控制好教学内容量的多少和质的难易。

(4)教学对象意识。教学对象意识是指，教师能够积极地了解学生的背景信息，如他们的姓名、国籍、年龄、家庭、母语状况、原有文化程度、对中国文化的了解程度、性格爱好、学习长短、他们的需求是什么、为什么要学汉语、他们学汉语有什么特点等。具有教学对象意识不是要求教师去一个一个地问学生，如果具备了该意识，教师会主动与学生打交道，利用各种活动，通过各种细节获得这些信息。

(5)教学方法意识。教学方法意识是指教师能够结合自己的教学有意识地学习、选

---

① 参见杨寄洲主编《对外汉语教学初级阶段教学大纲(1)》第6页，北京语言文化大学出版社，1999年版。

② 徐子亮、吴仁甫《实用对外汉语教学法》(北京大学出版社，2005年版)认为教师的主导作用与本文所提表面不同，在本质上并无大的区别，参见该书第50页。

③ 参见陆俭明《汉语教员应有的意识》，《世界汉语教学》2005年第1期。

④ 杨惠元《课堂教学理论与实践》(北京语言大学出版社，2008年版)第30-40页认为：教师的课堂教学意识包括"课程性质的意识"等十种意识，我们选择了我们认为较为重要的六种进行介绍。

择、实践相关教学方法，通过理论与实践的结合改进已有的教学方法，创造出自己的教学方法。

（6）教师的课堂控制意识。教师的控制意识主要是指教师具有较好的控制和驾驭课堂的能力，能够游刃有余地组织教学、控制节奏、控制学生的活动、控制教学的内容。其中，"控制教学节奏"与"控制讲解和练习的时间比例"尤为重要，节奏太慢，课堂就过于松弛，影响效率；节奏太快，就会欲速不达。关键在于，教师要控制好师生的语速和说话的间隔时间，选择好合适的练习方式。同时，教师要宏观掌控课堂交际，把握交际的大方向，并能适时将"跑题"的学生拉回来。第二语言课堂教学强调"精讲多练"，优秀的教师在课堂能够控制讲解和练习的时间比例。一般情况下，汉语综合课上学生的练习时间不能少于60%，在口语课上，练习的时间则不少于70%。

2. 学生

学生是指正在学校或其他学习场所接受教育的人。在课堂教学中，学生是教学的主体，是教学效果的体现者。在课堂教学中，教师对学生施加影响，并体现在学生思想行为的变化上，这样才是课堂教学。学生与教师共同构成课堂生态的主体，因此，学生也是课堂教学重要的构成要素。从某种意义上来说，我们的教学是因学生而存在，因此，课堂教学必须考虑学生因素。首先，教师要有教学对象意识，上文已经论及。其次，课堂教学要因材施教。汉语作为第二语言教学中，学生来自世界各地，具有不同的文化背景，教师要考虑学生的需要，并根据学习者的特点开展有针对性的教学。比如，汉语学习者可以大致分为"来自汉字文化圈的学生"与"来自非汉字文化圈的学生"，这两种学习者具有不同的文化背景，在学习汉语的过程中体现出不同的特点，因此，在教学中教师应该考虑不同学生的具体情况采取不同的教学方法。最后，课堂教学不能由教师一个人唱独角戏，而是应该根据教学内容组织丰富多彩的课堂活动，引导学生积极参与进来。学生的语言交际能力不是靠教师"讲"而获得的，因此，汉语作为第二语言课堂教学必须切实贯彻"以教师为主导，以学生为中心""精讲多练"等原则。

3. 教学内容

教学内容是教与学在相互作用过程中有意传递的主要信息，一般包括课程标准、教材和课程等。教学内容是教学的依据与基础，教师根据教学内容讲授，学生根据教学内容掌握相关知识，并借此提高自己的能力。因此，教学内容也是课堂教学的构成要素。在汉语作为第二语言教学中，教学内容繁多，主要包括语言知识（语音、词汇、语法、汉字等）、语言技能（听、说、读、写、译）、文化知识、交际策略等。学习者在教师的指导下不仅要掌握汉语的语言知识，还要将语言知识转化为语言技能，同时掌握相关文化知识，具备一定的文化意识，培养学习汉语的兴趣与习惯。

●课堂教学实施●

教学实施是实现教学目标的中心阶段,教学实施策略的选择既要符合教学内容、教学目标的要求和教学对象的特点,又要考虑在特定教学环境中的必要性和可能性。课堂教学的实施总是按照一定的步骤与环节逐步推进的,具有课堂控制意识的教师对整个教学会有一个全局的把握,了解哪些内容先讲,哪些内容后讲,统筹安排。教学专家经过长期的教学实践,根据感知、理解、巩固、运用的基本认知心理规律,总结和归纳出五个教学环节:组织教学、复习检查、讲练新内容、巩固新内容、布置课外作业。[①]

1. 组织教学

为保证教学活动有条不紊地进行,上课开始时有必要腾出几分钟时间做一点组织教学的工作。主要包括:(1)教师准备好相关教具,如教学图表的张挂、幻灯投影的安放、录音机磁带和电视录像带的插放等。(2)教师提示学生做好学习的准备,如取出并放好课本和纸笔、坐定并保持良好的学习情绪、凝聚并集中高度的注意力等。组织教学作为一个教学环节一般安排在一节课的开头,以便师生都能较快地进入教和学的佳境。

2. 复习检查

复习或检查旧课是导入新课经常采用的方法,是巩固旧内容与学习新内容的中间环节。上课开始,进入"组织教学"环节,该环节是为了稳定学生的情绪,集中学生的注意力,为新课学习做好准备。然后教师组织学生对上次学习的内容进行复习。复习旧课的方法有多种,如听写词语、造句、对话、复述、小测验、课外作业订正等。"听写"的方法主要用于检查学生是否掌握上一课中的重点词语或语言点。教师根据词语的多少让2~4个学生到讲台上听写,其他学生同样听写,然后教师跟学生一起来检查纠正。"造句"的方式一般用于检查语法、重点词语的掌握情况。具体做法可以给出语境,指定学生当场造句,然后教师进行评价;如果造的句子存在问题,则可以让其他学生纠错。

"对话"的方式有两种具体的形式:一是在教师与学生之间进行,二是教师指定2~3个学生进行对话。如教师通过与日本学生洋子对话来复习刚学过的语言点"A 比 B+形容词":

(1)教师:洋子,你觉得北京冬天冷不冷?

---

① 参见杨惠元《课堂教学理论与实践》(北京语言大学出版社,2008年版)第74-84页。

学生：我觉得北京冬天很冷。
　　教师：东京冬天冷吗？
　　学生：东京冬天有点儿冷，不很冷。
　　教师：那么你觉得这两个城市冬天哪个更冷？
　　学生：我觉得北京冬天比东京冷。

再如上一次课的语言点是时量补语，教师可以通过下面的问题来检查学生是否已经掌握：

　　(2) 你每天听几个小时的录音？
　　　　你学了多长时间汉语了？
　　　　你想学习多长时间汉语？
　　　　你昨天打篮球了吗？你打球打了多长时间？
　　　　你昨晚睡了几个小时觉？

"检查"主要是指检查学生预习新课的情况，一般通过听写生词的方式来进行，如果想检查学生是否已经了解新课的话题，教师也可以通过提问来进行。如新课的标题是"我想学太极拳"，教师可以这样来检查学生的预习情况：

　　(3) 教师：你们喜欢中国武术吗？
　　　　学生：很喜欢。
　　　　教师：你们喜欢什么武术？
　　　　学生：喜欢李小龙。
　　　　教师：你们知道太极拳吗？
　　　　学生：知道。
　　　　教师：你们想学太极拳吗？
　　　　学生：我想学太极拳。
　　　　……

"检查"这个小环节与"导入新课"环节往往有交叉，或者说，"检查"有时就是一种新课导入的方式。

3. 讲练新内容

讲练新内容是课堂教学中最主要的环节。新知识的传授和接收主要在这个环节中进行，因而所占的上课时间也较多，大致是一堂课的3/5。讲练新内容是个大环节，还可细分为：导入新课、讲解新知和操练新知三个小环节。

(1) 导入新课

导入新课是由一个环节向另一个环节的自然过渡。在汉语作为第二语言课堂教学中，导入具有激发学生的好奇心、调整学习状态等作用。如何导入新课，需要教师根据教学内容、教学目的、教学对象等的特点采取合适方式。例如教师可以采取话题导入法，如将要学习"北京冬天比东京冷"这一课，主要学习的是"比"字句(A 比 B+形容词)，教师可以从当地的气温开始导入新课：

  ①教师：你们冬天去过北京吗？
   学生：去过。
   教师：你们觉得北京冬天冷不冷？
   学生：冷。
   教师：对，一般在零摄氏度左右。洋子，你觉得东京冬天冷不冷？
   洋子：比较冷。
   教师：不错，东京冬天气温一般在5摄氏度左右。好，我们可以把刚才老师说的两句话放在一起，怎么说呢？
   ……

也可以采用图片对比的方法来导入，如教师向学生出示两张标有冬天气温的北京与东京的图片，然后让学生将北京与东京冬天的气温进行比较。

有的课教师还可以通过播放视频的方式导入，通过视频引出相关话题，通过向学生提问导入新课。如学习"中国人的婚姻"这一课，教师可以先播放一个中国电影(或电视剧)中的一个片段，然后教师向学生提问：

  ②教师：刚才大家看了这个电影片段。请回答老师几个问题。电影中这个家庭有几口人？
   学生：五口人。
   教师：王大民和小娟是什么关系？
   学生：是夫妻。
   教师：对，小娟应该叫大民的妈妈什么？
   学生：叫婆婆。
   教师：很好，通过刚才的电影你们觉得小娟跟她婆婆的关系好不好？
   学生：不好！
   教师：为什么不好呢？谁能用自己的话简单地告诉我。
   ……
   教师：大家说得都很好。我们今天要学习的课文就是关于中国人婚姻的。请大家把书翻到第……页。

导入新课时要注意用于导入的材料与新课内容之间要有直接的联系，不要绕来绕去。另外，要尽量使用学生已经学过的词语与语言点，并做到过渡自然。

(2) 讲解新知

讲解新知虽然一般以教师讲述为主，但也要尽量避免满堂灌，可以不时地穿插问答和练习，适当地利用板书和展示图片，引导学习者积极思维并及时记笔记，调节和活跃课堂气氛。讲解内容主要包括"讲解生词""讲解语法"与"讲解课文"。

A. 讲解生词

"生词讲解"是"学习新课"环节中的一项重要内容。生词讲解的一般程序是：展示→讲解→领读→练习。

展示是指展示生词的特点，包括构词成分、构词特点、读音等。教师一般可以利用卡片或 PPT 依次展示生词，并结合"检查预习"让学生先对本课生词有个大致的印象。

讲解是该环节重要内容之一。对于综合课中的"生词"，教师应该根据不同的生词做出不同的处理。生词主要讲解其词义与用法，并重在用法。对于初级学习者，词义讲解时可以要求学生参看词语的翻译解释，采用组词成短语、造句的方式进一步让学生掌握词义。如果是中高级学生，可以引导学生参看词语的汉语例释来理解词义。对于大多数外国留学生来说，生词的难点并不在于词义上，而在于词语的用法上，因此，教师应重点讲解生词的用法。讲解词语用法的主要方法是举例。通过大量的例子，加上教师的引导与点拨，大多数情况下，学生很容易归纳出词语的用法。另外，在生词讲解中，教师可以将互相有联系的词语放在一起讲解。下面以《汉语教程》第二册(上)第二课"我们那儿的冬天跟北京一样冷"的生词教学为例，该课的生词如下①：

1. 国家	2. 一样	3. 时差	4. 夜	5. 季节
6. 春(天)	7. 夏(天)	8. 秋(天)	9. 冬(天)	10. 冷
11. 刮风 风	12. 下雪 雪 下雨	13. 不但…而且…	14. 得	15. 分
16. 听写	17. 周末	18. 出去	19. 历史	20. 产生
21. 画册	22. 研究	23. 只是	24. 老	25. 改革
26. 开放	27. 一切			

教师可以将这些生词简单分为五组：1~4 为第一组，5~13 为第二组，14~16 为第三组，17~23 为第四组，24~27 为第五组。第一组词语涉及本课的语法点"跟……一样/不一样"，因此讲解时可以将该语法点部分内容整合进来。例如：

---

① 参见杨寄洲主编《汉语教程(修订本)》第二册(上)第 24-25 页。

①教师：罗兰，你们国家离北京远吗？
罗兰：我们国家离北京很远，坐飞机要好几个小时。
教师：真的很远，那你们那儿的时间跟北京不一样吧？
罗兰：当然不一样了，我们那儿跟北京有七个小时的时差。
教师：那现在北京是早上八点多，你们国家现在是几点呢？
罗兰：我们那儿现在是夜里一点多。
教师：是你们国家早还是北京早？
罗兰：北京早，北京比我们那儿早七个小时。

在与学生对话过程中，教师应该有目的地使用刚学过的词语与语法点，如离、八点多、是……还是、"比"字句等。教师一边跟学生对话，一边将生词及包含本课语法点的典型例句板书在黑板上①，语法点如可以把"……跟……（不）一样"与例句"我们那儿的时间跟北京（不）一样"板书在黑板上，并引导学生举出类似例句。如下：

……跟……一样	……跟……不一样
我们那儿的时间跟北京一样	我们那儿的时间跟北京不一样
这本书价钱跟那本书一样	这本书价钱跟那本书不一样
我的个子跟我同屋一样	我的个子跟我同屋不一样

如果要说明比较双方在某方面一样或不一样，那就用"…跟…（不）一样…"句型，如下：

……跟……一样……	……跟……不一样……
我们那儿的时间跟北京一样早	我们那儿的时间跟北京不一样早
这本书跟那本书一样贵	这本书价钱跟那本书不一样贵
我的跟我同屋一样高	我的个子跟我同屋不一样高

②教师：刚才罗兰说他们那儿的时间跟北京不一样。贝克，你是罗兰的同胞，请你告诉大家，你们那儿的季节跟北京一样吗？
贝克：季节跟北京一样，也是春、夏、秋、冬四个季节。
教师：气候跟北京一样吗？
贝克：气候跟北京不一样了，我们那儿夏天没有北京这么热。
教师：对，北京夏天有点儿热。那冬天呢？
贝克：我们那儿冬天跟北京一样冷，但是不常刮风。
教师：常下雪吗？

---

① 一般情况下，教师会在正式上课前先把本课生词板书在黑板上，如果是这样，教师可直接将包含本课语法点的典型例句板书在黑板上，并用红色粉笔标出语法点中的重要部分。

贝克：下雪，不但常常下雪，而且下得很大。
教师：好，马赛罗，你们国家冬天怎么样？
马赛罗：……
教师：洋子，你们国家冬天怎么样？
洋子：……

例②的操作同例①，但要注意，课堂上教师不能总与某一个学生对话，而应尽量让所有学生或大多数学生张口说话。

上述采用的分类分组词语讲解法有利于学生理解词义进行词语运用，但并不意味着必须详细解释每个词语，而是要根据词语的特点与课文内容有详有略、有深有浅地讲。

领读生词要求学生正确掌握词语的发音。教师可以先播放录音让学生试听模仿，教师纠音，然后领读，接着有针对性地点读，最后齐读。通过这些步骤，能够帮助学生最终掌握生词的正确发音。

生词练习属于该环节中的另一个重要内容。练习是对刚学习的知识与技能训练进行巩固。练习的内容包括知识性练习、半交际性练习、交际性练习。知识性练习如说出图片中事物的名称、说出实物的名词、写同义词、写反义词等。例如：

①教师出示画有邮局、银行、图书馆等图片，依次让学生说(写)出它们的名称。如下所示：

邮局　　　　　　　　　银行　　　　　　　　　图书馆

②教师出示实物，让学生说出名称。如出示苹果、花、地图、字典、书等，另外还可以利用教室中的实物，如教室、窗户、门、桌子、椅子、电脑、空调等。

③写(说)同义词、反义词，例如：
写(说)出下列词语的同义词：

爸爸——父亲　　　房间——屋子　　　年龄——年纪
故意——有意　　　漂亮——好看　　　赶紧——赶快
几乎——差一点儿　并且——而且　　　打算——计划

写(说)出下列词语的反义词：

高——<u>矮</u>　　　　胖——<u>瘦</u>　　　　长——<u>短</u>
远——<u>近</u>　　　　冷——<u>热</u>　　　　快——<u>慢</u>
开——<u>关</u>　　　　出——<u>进</u>　　　　上班——<u>下班</u>

知识性练习可以帮助学生加强对生词的理解与记忆。
半交际性练习，如完成句子、完成对话；交际性练习，如会话练习等。例如：
①组词成句

(1) 放　假　了　旅行　去　我们　，　。→
　　放了假，我们去旅行。
(2) 到　几　寄　美国　时间　天　要　？→
　　寄到美国要几天时间？
(3) 不　好　买　哪　我　知道　种　。→
　　我不知道买哪种好。

②用给出词语完成下列句子

(1) 下午我一到四点就_____。（锻炼）
(2) 你去邮局寄信，_____。（顺便）
(3) 别着急，_____。（着呢）

③会话练习
学生两人一组，用下列词语就"气候"这个话题进行对话：

气候、天气、下雨、下雪、刮风、冷、热、……比……、……跟……（不）一样

练习的处理有多种方式，常用的有两种：一是将练习放在一起统一处理，或在课堂上，或分成课堂练习与课外作业两种来处理；二是将练习整合进前面的教学内容中去，如讲拼音时，顺便处理练习中的拼音练习；讲解完生词时，顺便处理生词练习，等等。具体采用哪种方法，要根据具体情况而定。

B. 讲解语法
"讲解语法"是"学习新课"环节中的一项重要内容。讲解语法的一般程序是：展示→讲解→练习→总结。
"展示"一般是通过板书或PPT将语法点呈现出来，让学生初步了解该语法点的特

点。语法点的展示有多种方式,如果是一个语法项目中的某个语法点,那么可以通过复习已经学过的语法点来引出本课的语法点;如果是个新语法点,而且教学对象为中高级水平的学生,那么可以要求学生将课文中包含该语法点的句子挑出来写在黑板上,然后引导学生归纳出语法格式。如果教学对象为初级水平的学生,教师则可以直接将语法格式板书在黑板上。

讲解语法点一般从三个方面着手:形式特点、语义特点、用法。板书时,教师可以将语法点中重要部分用红笔书写(或描粗、写大点儿)进行凸显。下面以"比"字句讲解为例:①

(一)形式:A 比 B……

A 和 B 是比较双方,谓语由形容词和有些动词或动词短语充当。例如:

(1)我比弟弟高。
(2)冬天北京比上海冷。
(3)艾米丽比杰西卡喜欢音乐。

(二)意义:"A 比 B……"表示 A 与 B 比较,在谓语表示的性质这一点上,A 的程度高。A、B 一般是表示人或事物的名词,也可以是动词短语。例如:

(4)这本书比那本书贵。
(5)我的同屋比我喜欢足球。
(6)你去比我去好。

(三)用法:"A 比 B……"是"比"字句的肯定形式,它的否定形式是:A 没有 B……例如:

(7)我没有弟弟高。
(8)冬天北京没有上海冷。
(9)艾米丽没有杰西卡喜欢音乐。

"比"字句的正反疑问句形式是:A 有没有 B……例如:

(10)你有没有弟弟高?
(11)冬天北京有没有上海冷?
(12)艾米丽有没有杰西卡喜欢音乐?

---

① 此处的"比"字句是指初级阶段第一次出现的"比"字句。

需要注意，虽然很多形容词和有些动词可以受程度副词的修饰，但是在"比"字句中，形容词和动词前不能受程度副词"很""非常"等的修饰。例如：

(13)这本书比那本书很(非常)贵。(×)
(14)我的同屋比我很(非常)喜欢足球。(×)
(15)你去比我去很(非常)好。(×)

但是，"比"字句中谓语动词前能受副词"还""更"等的修饰。例如：

(16)这本书比那本书还(更)贵。
(17)我的同屋比我还(更)喜欢足球。
(18)你去比我去还(更)好。

如果想表示比较双方之间差别的大小时，可以使用"一点儿""一些"(表示差别小)与"多了""得多"(表示差别大)。例如：

(19)这本书比那本书贵一点儿。
(20)冬天北京比上海冷一些。
(21)这本书比那本书贵多了。
(22)你去比我去好得多。

此外，教师在讲授该语法点时，要使用客观、中立、典型的例句来说明，切勿拿学生的生理特征或民族禁忌来举例，如"弗雷迪比米雪丽黑""费朗比海德拉胖""阿米尔比德拉甘更爱吃猪肉"等均不合适，否则可能会引起学生的反感，甚至是文化冲突。

语法讲解结束，进入语法练习。教师可以将课后相应的练习提前让学生当堂做，然后教师检查。语法练习不仅仅是巩固刚学的语法知识，也是对刚学的语法知识进行验证，加深学生的印象。教师也可以自己设计语法练习。语法练习类型一般有：语法改错、造句、完成句子、用给出的语法点完成对话。

语法总结是对刚讲的语法内容进行归纳，总结要突出重点与注意事项。如对"比"字句的总结，就应该突出"比"字句的用法特点。归纳时最好要求学生与教师一起进行。

C. 讲解课文

"课文"是教学中的重中之重，所有的教学内容均通过课文来体现，教学任务与教学目的也要通过课文学习来完成与实现，因此，"课文讲解"环节非常重要。"课文讲解"的一般程序如下：

①教师朗读课文，学生听

教师也可以播放录音让学生听，让学生对课文内容有一个初步的了解。如果课文是对话体，教师还应将对话变成叙述体把课文内容"背"出来，让学生听。

②在背诵过程中,教师将课文中的关键词板书在黑板上,这些关键词能够反映课文内容的主要脉络。

③教师根据课文内容设置问题,学生回答。如果是叙述文体,问题一般围绕"时间""地点""人物""原因""结果"等来设置。如果是议论文体,问题一般围绕"话题""原因""条件""结论"等来设置。

④教师要求学生复述课文。学生先一起跟着老师复述,然后教师指定学生单独复述。

⑤总结。总结课文讲授的内容,并布置作业。

(3)操练新知

操练常和讲解配合起来进行,这样,教学就比较有节奏。当然,视教学内容需要,也可在讲解后再操练。不同的语言项目有着不同的操练方法。

语音操练可以采用的方法主要有:听后模仿(如跟读)、拼音认读(如朗读声母、韵母,朗读音节等)、标注拼音(如给词语标注拼音)、声调练习(如四声唱读)、听辨练习(如听后选择音节)、听写练习(如听后写出音节等),等等。

词语操练的方法一般有:图片实物练习(如展示图片或实物让学生说出相对应的词语)、利用动作(如教师做出某种动作或体态,然后让学生说出相应的词语)、利用词语之间的意义联系进行操练(如让学生说出某个词的同义词、反义词等)、听辨练习(如听录音指出相应的词语)、听写练习(如听录音写出相应的词语)、搭配练习(如让学生说出与词语搭配的量词、动词、宾语、补语等)、造句练习(要求学生用词语说出一个正确的句子)、辨别练习(如给出多个相近词语,让学生根据要求选择正确的词语)、填空练习(如将一篇文章中的一些词语抽取掉,然后给出多个词语或不给出词语,让学生做完型填空),等等。

语法操练的方法较多,常见的几种如下:

第一,替换练习。替换练习一般用于句型练习,目的是让学生掌握在某一个位置上词语聚合的特点。被替换的往往是词或短语。替换练习要求学生具有一定的词汇量。例如:

①快要　上课　了!
　　　　下课
　　　　吃饭
　　　　考试
　　　　回国

②我　骑自行车　去　上课。
　　　坐出租车　　　医院
　　　开车　　　　　商场
　　　走路　　　　　邮局

例①是单项替换练习,例②是双项替换练习。

第二,扩展练习。扩展练习是指增加词语或句子的长度,目的是让学生掌握汉语词语组合的特点。常见的扩展练习方法如：

①词语扩展练习。例如：

买→买邮票→买一张邮票
吃→吃饺子→吃一碗饺子
借→借书→借一本书→借一本法律书

②句子扩展练习。例如：

我去图书馆→我去图书馆借一本法律书。
如果明天下雨→如果明天下雨，我们就不去公园了。
今天早上我一起床→今天早上我一起床就洗脸。
我一洗完脸→我一洗完脸就去吃饭。
我吃完饭→我吃完饭就去上课。

第三，句子变换练习。例如：

我们学校旁边是一家中国银行。→中国银行在我们学校旁边。
衣服我洗干净了。→我把衣服洗干净了。
他一天比一天高。→他越来越高了。
马丁一边听音乐一边做作业。→马丁听着音乐做作业。

上述的练习大多属于一些机械性的操练，而在实际教学中，还必须多采用一些交际性练习，如造句、用给定的语法点来描述一个情景或复述一个故事、用给定的语法回答教师的问题，等等。

汉字操练的方法主要有：识读练习、按部首给汉字分类、结构分析练习、模仿写汉字，等等。例如：

第一，识读练习，教师出示卡片让学生认读，如：

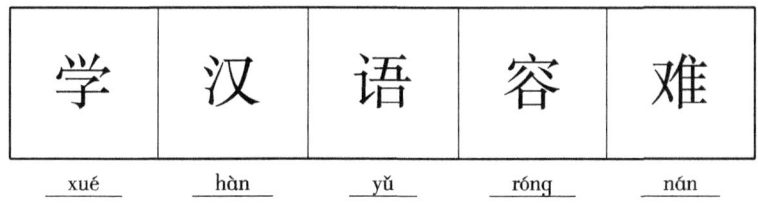

第二，请按部首给下面的汉字分类，例如：树、迟、滑、慢、组、集、建、怪、练、清、迷、怜、样、经、演、板、忙、法、编、送

木：树、集、样、板　　忄：慢、怪、怜、忙

辶：迟、建、迷、送　　纟：组、练、经、编

氵：滑、清、演、法

第三，结构分析练习，如：

请根据结构方式将下面的汉字进行归类：

取、苦、清、览、问、愿、使、向、座、物、闪、雪、周、展、忘、房

左右结构：取、清、使、物　　内外结构：问、向、闪、周

上下结构：苦、览、雪、忘　　左上包围：愿、座、展、房

第四，模仿写汉字，如：

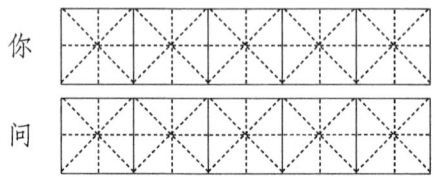
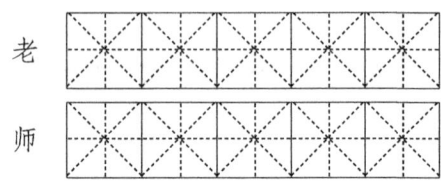

4. 巩固新内容

该环节是指，对经过教学而了解的内容要趁热打铁加以巩固，现在一般的做法是安排课堂活动，主要有两种活动：模拟课文活动与拓展活动。模拟课文活动，主要要求学生(一人或多人)通过"说(讲汉语)"和"做(做动作)"把课文内容表演出来。拓展活动则是，教师根据课文所学内容给出相似情景下的"任务"，让学生用汉语完成该任务(参见任务型教学法一章)。拓展活动主要是为了训练学生"活学活用"的能力。

5. 布置课外作业

课外的学习活动是课堂教学的延伸，是学习环节中不可或缺的组成部分。它牵涉到能否把课堂中学到的理论知识、技能应用于实际的问题，因而历来为教师和学习者所重视。布置课外作业，可以从课文后编者所拟的练习题中挑选一部分，也可由教师自拟和补充一些习题，让学习者在课后完成，消化、巩固所学到的内容和知识。

五个主要环节，一般都按照上述顺序排列，但不同课型有不同的特点，环节安排自然也应有所变通。例如听力课，不一定安排巩固新知的环节；报刊阅读课，不一定有复习检查的环节。

【案例分析】

对一名刚入职的对外汉语教师来说，在走上讲台之前确实会有很多困惑或者担心，比如：自己的学生到底是怎样的？他们认可我吗？课堂教学中会遇到什么突发事件？如果学生提问自己回答不上来怎么办？有这样的困惑与担心完全是正常的，每个新手教师都会遇到类似的情况。那么我们该怎么做呢？我们建议：首先，要树立信心，一般情况下，高校教师大多是语言学相关专业博士毕业，科班出身，受过严格的专业训练，应该相信自己有能力把课上好。其次，观摩同事的课堂，向有教学经验的老师请教，尤其是在教学观摩时，遇到关键之处，要联系到自己，心里想一想，如果是自己上课，自己会如何处理，再认真观察同事是如何处理的。这样在心里经过一番比较，自然会有所收获。最后，应积极开展教学，把课本中学来的理论知识、教学法运用到教学中去，并在教学实践中不断积累经验，创造出新的教学方法与教学技巧，形成个人的教学风格。

【思考练习】

1. 课堂教学构成要素除了"教师""学生"与"教学内容"以外，你认为还有哪些方面？请谈谈你的看法。
2. 对外汉语课堂教学与中国人的语文课堂教学有相同之处，也有不同之处。请你谈谈二者有哪些方面的不同？
3. 在课堂教学环节的第三个环节中有个"操练新知"，是练习，而第四个环节"巩固新内容"也是练习。你认为二者相同吗？为什么？
4. 假设你是海外汉语教师志愿者，赴任国的教学对象是中学生，他们已经学了6个月的中文，今天的教学内容是"一边……一边……"，课文里的例句如下：

　　他一边走，一边想着李秀的方案。

请你结合教学对象、教学内容谈谈你安排的教学环节。

【拓展阅读】

1. 程乐乐，黄均凤．第二语言课堂教学[M]．武汉：湖北教育出版社，2011.
2. 姜丽萍．汉语作为第二语言课堂教学[M]．北京：北京大学出版社，2011.
3. 杨惠元．课堂教学理论与实践[M]．北京：北京语言大学出版社，2008.
4. 张和生．对外汉语课堂教学技巧研究[M]．北京：商务印书馆，2006.

第九章 汉语综合课教学

【案例导入】

马老师是一名毕业后刚入职的语言学博士，因为是语言学博士，所以新学期单位给她安排了初级综合课的教学任务。马老师虽然知道对外汉语教学，也曾在读硕士的时候辅导过外国留学生汉语，但她从未上过讲台，想到即将面对外国留学生，她有点儿紧张，不知汉语综合这门课怎么上。实际上，不只是马老师会有这种感受，所有刚走上对外汉语教学岗位的新教师都会有这种心理。那么汉语综合课到底是一门什么课呢？它有什么特点？综合课教学应注意哪些问题？

【基础知识】

―――● 综合课的性质、任务与目标 ●―――

1. 综合课的性质

综合课是对外汉语教学的一门主干课，是对外汉语教学课程体系中的核心课程。在对外汉语教学的发展历史中，综合课曾有过不同的称呼，例如最早的时候有的学校把它叫做"文选课"。后来，有的学校把它叫做"精读课"，有的把写作课合并进来叫做"读写课"，还有的干脆叫做"汉语""初级/中级/高级汉语"。现在大家大多根据国家汉办制定的教学大纲称之为"综合课"。与综合课相配合的课程还有"口语课""听力课""阅读课""写作课"等，这些课程围绕着"综合课"分别对留学生汉语的听、说、读、写各单项技能进行训练，因此人们又把"综合课"称为"核心课"，把这些单项技能课称为"卫星课"。

对外汉语教学发展史上，"综合课"的称呼不断变化，也反映出历史上人们对这门课性质的认识经历了一段不断深化的过程。关于综合课性质的论述，主要有以下几种：

（1）全面进行语言要素、文化背景知识和语用规则的教学，全面进行言语技能和言语交际技能的训练。

（2）综合课就是汉语基础知识讲练课。

（3）综合课就是综合语言技能训练课。

(4)传授语言知识和规则是综合课的首要任务或基本任务,但它的核心任务还是语言技能的训练,是以听说技能为重点,包括听、说、读、写各项技能的综合训练。

(1)—(3)对综合课的性质与任务的限定或无所不包(如(1))或有所侧重(如(2)和(3)),而(4)则是在总结历史上人们对综合课研究的基础上提出来的,较为合适,较好地体现了"综合课"的"综合性"特点。综合课的"综合性"具有两个方面的含义:一是教学内容上的综合,不仅要培养学生的语言技能,还要传授技能训练之外的语言知识与文化内容;二是在技能训练方式上,它采用的是综合训练的方式,即在进行知识传授的同时进行技能训练。因此,我们可以将"综合课"的性质简单表述为:综合课是一门围绕着语言要素与相关文化内容进行听、说、读、写综合训练的对外汉语主干课程。

2. 综合课的教学内容

吕必松(1996)认为,课堂教学内容包括知识传授和技能训练两个方面,知识传授具体表现为语言要素、有关的文化知识和语言知识的教学,技能训练则包括言语技能和言语交际技能的培养。① 总的看来,综合课的教学任务主要包括以下四个方面:

(1)语言知识教学。语言知识包括:语音、词汇、语法、语篇、汉字等。语言知识教学是综合课教学的基本任务。

(2)语言技能训练。要求学生掌握汉语的听、说、读、写等语言技能,这是综合课教学的核心任务。

(3)进行言语交际技能的训练,培养学生的交际能力。尽管学生已经具备了一定的语言技能,但未必能顺利地进行交际。综合课教学任务的第一二项是帮助学生获得汉语语言学能力,而对外汉语教学的最终目标则是培养学生的言语交际能力,因此,还必须通过言语交际技能训练帮助学生做到不仅说得对,而且说得得体。

(4)进行文化因素的教学。教给学生必要的文化知识,有助于学生克服文化障碍,正确理解并使用所学到的语言。

综合课不同阶段的教学内容不同,初级阶段的教学内容包括:进行汉语普通话语音教学,讲授和练习汉语的声母、韵母、拼合、声调、轻声、变调、语调、儿化韵等;进行汉语基本句型和语法的教学;进行常用词汇和短文教学;讲授汉字的笔顺、笔画和汉字基本知识,认读并书写常用汉字。综合课中级阶段的教学内容包括:学习各种题材和体裁的反映当代中国人生活的文章或部分现代名家作品,介绍相关的文化背景知识,讲解文章中出现的语法结构,并进行多种形式的书面或口头练习。综合课高级阶段的教学内容是学习内容较有现代意义、语言较典范的现代名家的经典作品及能够反映当代中国社会的现实生活和民族文化特点的文章。

在三个教学阶段中,初级阶段的综合课教学最为重要,其教学内容,应在课堂教学内容的总前提下,重点突出以语音、语法、词汇、汉字为主的言语要素教学和以听、

---

① 参见吕必松《对外汉语教学概论(讲义)》(1996年)第47页。

说、读、写为主的言语技能训练。技能训练必须以言语要素教学为基础并围绕着言语要素的教学而展开,与此同时,言语要素教学又必须纳入技能训练之中。《对外汉语教学初级阶段教学大纲》从四个方面对初级阶段综合课的教学要求进行规定,实际上也反映了初级阶段综合课的教学内容①:

(1)语言知识方面

①语音教学,要求学生学习并掌握汉语声母、韵母、声调、变调、轻声(必读的轻声)、儿化韵(必读的儿化韵的词,如:玩儿、画儿、这儿、那儿、哪儿等)、词重音、句重音、语调、语气、语流音变等,即掌握普通话的基本语音和汉语拼音现象。同时朗读和说话的语音语调基本正确。

②词汇:学习2800个汉语常用词(其中一级词1000个和二级词1800个),要求能正确读出,掌握其基本义项和常用义项及用法。

③汉字:学习汉字等级大纲规定的甲级字和乙级字1600个,讲授汉字笔顺、笔画、部件和书写规则,分析常见汉字的基本组成要素。

④语法:学完《对外汉语初级阶段语法大纲》规定的120个语法项目。

(2)语言技能方面

①听:掌握精听、泛听和搜索听的技能。初级阶段结束时,能听懂语速为每分钟160~180个字、生词不超过2%、新语法点不超过1%的非图像性语言材料。理解正确率应达80%以上。

②说:能够在日常生活和一般社交活动中,或就某项专业,表达自己的需要、愿望、意见,能进行比较流利的成段叙述,借助讲稿可以进行较完整的篇章表达,语音语调基本正确。

③读:掌握汉语的基本阅读技能,会细读、略读、浏览读、检索读,掌握快速阅读技巧。能够达到两个层面的阅读速度和理解程度。

④写:听写速度达到15~18个汉字/分钟,抄写速度达到18~20个汉字/分钟,能写一般应用文,能把70%以上的授课内容整理成笔记。一百分钟内能写出400字以上、句子通顺、意思完整、语法错误低于2%、汉字错误低于3%的记叙短文。

(3)交际技能方面

具备适应各种一般性交际场合的能力。能够较快、较正确地听懂、领会交际对象的意图,能选择相应的词汇和语法形式较准确地表达自己的意思。

中级综合课教学,其教学内容包括语音教学、词汇教学与语法教学。中级阶段综合课的语音教学应有针对性地正音,注重声调、语调的训练。② 另外,随着汉语水平的提高,留学生学习的多音字、形似字也越来越多,这一阶段的语音教学还应注意多音字的训练(正确的读音)和形似字的训练(正确的读音)。根据《高等学校外国留学生汉语教学大纲(长期进修)》的要求,中级阶段要学习2850个词,所以中级综合课的词汇教学不

---

① 参见杨寄洲《对外汉语教学初级阶段教学大纲》(北京语言大学出版社,1999年版)第2-3页。
② 参见周小兵,李海鸥《对外汉语教学入门》(中山大学出版社,2004年版)第341-348页。

仅要求学生大大扩大词汇量，而且还要巩固初级阶段已学过的2800个常用词。① 中级综合课的语法教学包括两个方面的内容：

①通过归纳总结式的讲练，进一步巩固初级阶段所学的语法知识。初级阶段的语法知识比较零散，缺乏系统性，因此，到了中级阶段要进行归纳总结。

②初级阶段学生学习的语法知识还远远不能满足交际的需要，因此，还需在中级阶段的教学中进一步扩展与深化。《高等学校外国留学生汉语教学大纲(长期进修)》把中级综合课语法教学分为四级，规定每一级学习20~23个语法项目，一共83个语法项目，包括语素、词类、固定短语、语义关系、结构成分、句式、反问句、双重否定句、固定格式、复句等11个大的范围。

3. 综合课的教学目标

按照语言水平分，综合课包括初级、中级与高级三个阶段，每个阶段在教学目的、教学任务方面略有不同。按照《高等学校外国留学生汉语教学大纲》规定，三个阶段的教学目标如下：

在初级阶段，通过对学生进行听、说、读、写综合技能的训练，并讲授一定的语言知识，培养学生具备初步的听说读写能力，掌握一定的语言知识，能满足日常生活、学习及一般场合的交际需要。

在中级阶段，综合课的教学目标是对学生进行听、说、读、写综合技能的训练，并讲授一定的语言知识及文化知识，扩大词汇量，培养学生成段听读的能力和运用所学词语、句式较流利地进行口头或书面成段表达的能力，使学生在日常的学习和生活中能较自如地运用汉语，并能进行一定范围内的工作。

在高级阶段，综合课的教学目标是对学生进行汉语听、说、读、写综合技能的训练，使学生扩大词汇量，提高词语辨析和运用能力、快速阅读能力及大段表达能力，使学生能熟练、灵活、准确地掌握和运用汉语，并能在较高层次上理解和欣赏丰富多彩的语言现象。

———● 综合课的教学原则与方法 ●———

1. 综合课的教学原则

根据蔡整莹《初级阶段的综合课》(见李杨，1997：192-193)，综合课的教学原则包

---

① 参见国家对外汉语教学领导小组办公室编《高等学校外国留学生汉语教学大纲(长期进修)》(北京语言大学出版社，2002年版)第4页。

括三条：(1)实践性原则；(2)交际性原则；(3)以学生为中心原则。根据《高等学校外国留学生汉语教学大纲》，综合课的教学要遵守六条原则，如下：

(1)以学生为中心，充分发挥教师的主导作用。
(2)在教学过程中，注重实践性，着眼于提高学生的汉语交际能力。
(3)从学习者的实际需要出发，注重教学内容的实用性。
(4)采用多样化的教学方法，充分利用现代化的教学手段。
(5)坚持课堂教学语言的规范性和可接受性。除十分必要时可适当使用某种外语外，一律使用规范的普通话，其语速和用词等要适合学生实际接受水平。
(6)充分利用汉语言文化的大环境，组织多种形式的语言实践活动。

2. 综合课的教学方法

综合课的教学具有综合性，包括语音、词语、语法等语言要素的教学与听、说、读、写语言技能的训练。在初级阶段，综合课的教学方法是在讲授的基础上进行大量的课堂操练，设置情景进行对话，限定范围进行口头或书面成段表达。在中级阶段，综合课的教学方法是精讲多练，在学懂课文的基础上，着重训练学生遣词造句、进行口语和书面语成段表达的能力。在高级阶段，综合课的教学方法则是以课堂讲练为主，全面训练学生的语言技能，使学生对语词的不同义项有正确的了解并能掌握运用，在熟练运用单句的基础上进一步对现代汉语语段语篇的特点、句子间的连接方式有所了解，并有意识地组织学生进行语段训练，使他们逐步掌握语段表达技能。

因为综合课中的技能训练总是与要素教学融合在一起的，因此，下面我们重点谈语音、词语、语法等语言要素的教学方法与教学技巧。

(1)语音教学

语音教学在综合课教学中具有重要的地位，发音的好坏决定一个人整个的语音面貌，因此，不管怎样强调语音教学的重要性都不为过。汉语语音内容包括汉语的声、韵、调，但声、韵、调教学也只是汉语语音教学的主要内容，因为还有轻声、儿化、语调、语气与语流音变等语音成分的教学。根据朱庆明(1999)，综合课中的语音教学应注意以下几个方面[①]：

①了解教学对象，确定教学重点，把握语音教学的课堂教学原则。
②从声、韵、调入手，结合语流训练，辅以语音理论知识的正确指点。
③教师正确发音，学生自觉地模仿，大量的听、读练习，是语音教学的重要手段。

以上是语音教学的一般性要求。在具体的语音课堂教学中，要根据具体的内容与教学对象使用针对性的教学技巧。声母中比较难的有几对送气音与不送气音、舌尖前音(z c s)与舌尖后音(zh ch sh r)。韵母中较难的有 i 和 ü、前后鼻音韵母以及 er。

---

① 参见朱庆明《试论初级阶段综合课教学规范化》，《对外汉语教学初级阶段课程规范》，北京语言文化大学出版社，1999年版。

难点声母教学技巧：

①送气音不送气音教学，可以采用"吹纸法"。因为许多语言中没有明显的吐气音，而且汉语中送气不送气具有区别意义的作用，比较难掌握，所以必须采用适当的技巧，通过大量的机械练习和区别意义的练习才能奏效。例如：

机械练习：bo-po　da-ta　ke-ge　zhi-chi　zi-ci

意义练习：pùbù(瀑布)　gāokǎo(高考)　jīqì(机器)　tèdiǎn(特点)

你很 bàng(棒)——　你很 pàng(胖)

②舌尖前音(z c s)与舌尖后音(zh ch sh r)是另一个难点，我们可以采用词语单练、词语合练、绕口令、顺口溜、诗歌等方法与技巧来练习。同时用模仿法让学生跟读，用演示法让学生了解发音时舌头上卷的情况。

③r 声母也是个难点，可以采用带音法，先发 sh，然后声带颤动发出 r。

难点韵母教学技巧：

①i 和 ü 差别在于圆不圆唇。可以采用对比训练，先发不圆唇的，然后让学生保持住舌头的位置，慢慢改变唇型，直到发出 ü 来，然后进行"i-ü-i-ü"的交替练习。

②前后鼻音韵母的教学，可以采用"咬舌法"。发前鼻音韵母时，舌头是向前移动的，向前向上顶，下巴不能往下拉。更夸张一些的话，让学生在前鼻音韵母发音结束的同时，用牙齿轻轻咬住自己的舌尖，迫使舌头前伸。发后鼻音韵母时，舌头是向后运动的，下巴可以往下拉。

③er，是卷舌、央、中、不圆唇元音。发音时口形稍稍张开，开口度比 ê 略小，舌位居中，稍微后缩，唇型不圆，在发音的同时，舌尖朝硬腭方向卷起，是个带卷舌色彩的央元音，可称为卷舌元音。

声调教学技巧：

学生学习声调的难点在于：二声上不去、三声不拐弯、四声下不去。因此，建议教学采用由易到难的顺序，即：一声—四声—二声—三声，同时辅以手势，即用手指划动演示声调升降。另外，在语流中练习声调非常有效，各种声调的搭配练习可更好地解决四声的发音问题，如三声变调、轻声等大多可以在双音节词语或语流中表现出来。

(2)词语教学

词语教学是语言教学的基础内容之一，也是汉语综合课教学的重要组成部分。除部分语音教学阶段外，一切课堂教学都是建立在词汇教学的基础上的。词语教学尽管不是基础汉语教学的核心，但却是必不可少的重要环节，而且多数课堂教学往往是从词语教学开始的。尤其在中、高级阶段，词语是核心问题。因此，搞好词语教学对综合课教学和学生语言能力的培养是非常重要的。

综合课中的词语教学可遵循以下原则[①]：

---

① 参见李珠《关于初级阶段综合课的词语教学》，《世界汉语教学》1998 年第 3 期。

①词语教学应与语境挂钩，避免脱离特定的语境，孤立地大讲某个词语的用法。语境可以将词语的用法呈现出来，所以可以通过设置特定的语境帮助学生掌握词语的用法。

②词语教学与语法教学结合。意义的表达一般离不开句子，即词语在句子中显义。要以词语为依托，同时运用语法为词语教学服务。即在语境中理解某一词语的语义后，还要充分说明该词语运用时在语法上的限制和条件。

③词语教学应以培养学生语段篇章能力为目标。

以上三条属于词语教学的一般原则，具有导向性，在具体的词语教学中，还需采用具体的教学技巧来践行这些原则。词语教学的具体技巧包括词语展示的技巧、词语解释的技巧、词语练习的技巧。其中，词语解释的技巧是最具有个性的，主要包括解释词义与解释用法。词的用法包括词的语法功能及特点、词在句中的位置、词的语境义、词的搭配、词的使用范围等。解释词语的技巧可以大致分为两类，即解释词义的技巧和解释用法的技巧。

①解释词义的技巧常见的有：以旧词释新词、根据语素推测词义、表演、利用语境释义、例句释义等。比如采用例句释义的方法讲"难怪"一词，教师直接结合本班的实际情况(学生都了解)板书几个例句：

难怪昨天玄多希没来上课，原来她生病了。
难怪教室里这么冷，原来空调坏了。
难怪苏玛汉字写得这么好，原来她每天都练习。

这些都是班里的真实情况，学生很容易明白，因此，他们马上可以造出类似的句子来，如：

难怪傅莉雅这么高兴，原来她的爸爸和妹妹要来看她。
难怪他的汉语提高得这么快，原来他交了一个中国朋友。

②解释用法的技巧常见的有：词语搭配、直接说明。直接说明是指教师不借助其他教学手段，而是直接向学生讲清该词的用法。在向学生讲授词的语法特点、词在句中的位置、能否带宾语(指动词)、在什么情况下使用、用于什么句型等用法方面的问题时，都可以采用"直接说明"这种方法。

(3) 语法教学

综合课的语法教学，既要使学生了解汉语语法的特点，掌握汉语语法学习的规律，又要让他们尽快学会正确使用汉语，发展他们的言语交际能力，提高他们的汉语水平。语法教学主要包括"语法点的讲解""句型操练""词汇扩展"与"会话练习"。语法教学要注意以下几个方面：

①确定讲练比例，理解讲练关系，做到精讲多练。一般情况下，课堂教学中，语法

"讲""练"的比例不低于1:5。

②从句型入手，加强语义、语用分析，培养学生真实的交际能力。

③淡化语法讲解，加强词汇(主要是虚词)教学，在以句子为中心的语法教学中强调词汇教学、词块教学。在语法教学中，词语搭配、词语扩展和词语的语用对比是比较实用的词汇教学方法。

在具体的课堂教学中，讲解训练语法可以采取的教学技巧主要有：归纳法、演绎法、情景法、对比法、公式法、图示法、以旧带新法等。如下面以初级阶段的"把"字句为例展示归纳法的使用。

先举出几个主谓谓语句，然后从中归纳出语法形式、意义和规则。如："把"字句的讲解。先举例：

艾伦　把　花儿　放　在　桌子上。
我　　把　书　　送　给　他了。
请　　把　书　　翻　到　第三页。

然后归纳：(主语)+把+宾语+动词+其他成分

通过归纳法，我们可以让学生了解"把"字句各组成成分的特点，便于学生从整体上把握"把"字句，从而有利于模仿。

除了语音教学、词语教学、语法教学之外，综合课教学内容还包括短文教学。综合课短文教学既是初级汉语教学的最高阶段也是中级汉语教学的起始阶段，可以说是从初级汉语到中级汉语的过渡阶段。这一阶段的课文已不再是对话体，而是叙述体，且课文长度逐渐增加，内容也有了一定深度，涉及的文化知识更加广泛。

小马老师了解了上述内容，掌握了相关知识，然后通过教学办公室了解学生的相关情况，去教材科领取教材，仔细研读教材，认真备好了课。做好这些之后，小马老师有了信心。我们相信她能够逐渐掌握综合课的教学方法，并在不断的学习与实践的过程中逐渐向专业化迈进。

【案例分析】

马老师虽然是语言学博士，但是汉语作为第二语言教学的本质不是一门知识传授的课程，尽管曾经辅导过外国留学生，但毕竟没有上过讲台。因此，马老师刚接到"综合课"教学任务时有点儿紧张，这是必然的。我们建议，马老师除了提前研读教材、了解学生相关信息与综合课的特点等以外，还应对综合课教学的程序有所了解。

从大的方面来讲，综合课课堂教学一般按照"开头—展开—总结"三大环节来进行。具体来讲，是按照"组织教学—复习检查—导入新课—讲练新课—布置作业"这几个环节来展开的。

下面是一个初级汉语综合课的教案，可供参考：

"第九课 钥匙忘拔下来了"教案

教学对象：一年级留学生

课程类型：初级综合课

所用教材：《汉语教程(修订本)》(第二册上)(杨寄洲主编，北京语言大学出版社 2006年版)

教学时间：六课时

教学用具：教室里的地形、物品

教学目的和要求：

  1. 通过课文讲解要求学生在理解课文意思的基础上，能流利地朗读课文并背诵。

  2. 理解并掌握汉语复合趋向补语的用法。

教学重点、难点：

  1. 课文。

  2. 复合趋向补语。

教学环节和教学步骤：

  1. 复习旧课，导入新课

  2. 生词讲练

  (1)朗读生词

  (2)简单讲解

  (3)词语扩展

  3. 讲练课文

  (1)朗读课文，纠正错误。

  (2)语法讲练

  (3)分组操练会话

  (4)设计场景表演(师生→生生)。

  4. 课堂小结及布置作业。

【一、二课时】

一、组织教学

  (一)简短问好，安定课堂纪律，集中学生的注意力。

  (二)检查学生的出勤情况等。

二、复习检查

  (一)针对学生上一课作业中的问题复习前面的内容。

  (二)检查书面作业。

  (三)检查新课的预习情况。

三、导入新课

(一)生词讲练

1. 听写生词并纠错。

2. 领读听写在黑板上的生词,然后请学生齐读,再找学生读,注意纠正发音和声调。

(二)生词讲练

教师领读,并给出例句,讲解完以后再用该词提问,让学生用该词造句,检查学生接受情况,达到师生互动的目的,并尽可能复现已经学过的词汇。

1. 各种各样:种类很多,不相同的种类。例如:

(1)书店里有~的书。

(2)超市里有~的东西。

2. 兴奋:非常高兴,激动。(老师动作表现)例如:

(1)妈妈说周末带我去北京,我很~。

(2)老师表扬了我,我非常~。

(3)看到书店里有各种各样的书,麦克很~。

3. 抽/挑/选/插/拔/提:表示动作的词语,教师通过动作来展现。例如:

(1)从信封里抽出信

(2)在商场挑/选衣服

(3)插花　插钥匙

(4)拔萝卜　拔草

(5)提袋子

4. 除了……以外:

1)不只说的这个东西,还有别的,经常使用"除了……以外,还……"句式。(课文里面就是这个意思)例如:

(1)除了买书以外,我还想买一些电影光盘。(书、光盘)

(2)我每天除了上课以外,还要做作业。　(上课、做作业)

(3)他除了写小说以外,还写诗。　(小说、诗)

2)表示所说的不计算在内,经常使用"除了……以外,都……"句式。例如:

(1)除了我以外,都是男同学。　(我不是男同学)

(2)除了他以外,都唱歌。　(他不唱歌)

(3)除了冬天以外,其他季节我都喜欢。　(我不喜欢冬天)

5. 于是:一件事接着另一件事发生,后一件事由前一件引起,"于是"用在表示后一件事的句子前面。例如:

(1)他想和我一起去书店,~我就和他去了。

(2)时间还早,~我们就去公园了。

6. 拍:拍电影、拍照片(教师可用动作来展示意思)

7. 根据：以什么事情为基础、依据。例如：

(1)~小说拍成电影。

(2)~他说的，我们找到了图书馆。

8. 下：~(一)学期　~(一)周　~(一)年　~(一)月

9. 只好：不得不。例如：

(1)明天要下雨，运动会~取消了。

(2)我不懂英语，~请他帮助我。

10. 哭笑不得：哭也不好，笑也不好，形容尴尬。例如：

我去商店买东西，突然发现没带钱。这件事真让我~。

(三)学习课文

1. 教师放录音，让学生完整地听一遍课文。

2. 分组分段朗读，再让学生单独朗读。(断句错误在朗读过程中纠正，语音错误在一个学生朗读完以后纠正。)

3. 学生提出预习课文时遇到的问题。

4. 全班同学就提出的问题讨论。

5. 老师给出正确的解释。

6. 老师就课文内容提问，学生回答：

(1)"我"和麦克星期天做什么了？

(2)我们买了什么东西？

(3)我们在吃饭，吃了什么饭？

(4)为什么我只好爬楼梯？

(5)我为什么"哭笑不得"？

7. 学生两人一组互相提问。

四、布置作业

(一)复习本课学的生词，做课后练习三。

(二)熟悉课文内容。

【三、四课时】

一、组织教学

(一)简短问好，安定课堂纪律，集中学生的注意力。

(二)检查学生的出勤情况等。

二、复习旧课

(一)检查学生作业情况，带领学生做课后练习三，并纠正错误，给出正确答案，讲解错误之处。

(二)用下列生词造句，检查学生对生词意义的理解情况：于是/只好/兴奋/根据/哭笑不得/除了……以外

(三) 听写句子

1. 星期天，我和麦克一起骑车去图书城买书。
2. 图书城很大，里面有各种各样的书，我很兴奋。
3. 中国的书比我们国家的便宜得多。
4. 除了书以外，我们还买了电影光盘。
5. 电梯坏了，我只好提着一箱书爬到十楼。
6. 让我哭笑不得的是，我忘了拔下插在自行车上的钥匙。

(四) 纠正学生写错的地方，然后全班朗读黑板上的句子。

三、讲解新课

(一) 复习简单趋向补语

来：动作向着说话人或所谈及的事物的方向。
去：动作背着说话人或所谈及的事物的方向。

V+来/去(简单趋向补语)

1. 用"来""去"填空：
(1) 他刚从我这儿过____了。
(2) 她从美国回____了吗？
(3) 我看见他进教室____了。
(4) 麦克，我给你带____了一本书。
(5) 玛丽住院了，我给他带____了一些水果。

2. 不改变意思，换种说法。

1) 他带来了一个照相机。

   _____

2) 他买来了一本词典。

   _____

3) 他给我带来了一些书。

   _____

(二) 讲解复合趋向补语

1. 趋向动词：上、下、进、出、回、过、起
2. V+趋向动词+来/去(复合趋向补语)

"来/去"所表示的动作方向与说话人或所指事物间的关系：(和简单趋向补语一样)动作向着说话人或所谈的事物的方向用"来"；动作背着说话人或所谈的事物的方向用"去"：

	上	下	进	出	回	过	起
来	上来	下来	进来	出来	回来	过来	起来
去	上去	下去	进去	出去	回去	过去	

例如：

(1)玛丽，你别下来，我就上来了。

(2)我还没有出去找他，他就跑进来了。

(3)麦克从宿舍走出来了。

(4)大力，你怎么跑回家来了？

(5)我昨天买回来一本汉英词典。

(6)爱德华从钱包里拿出来一百块钱。

(三)替换

1. 我们走下去吧。(跑上去　拿下去　拿出去　带回去　走进去　送上去)

2. 他买回来了一些书。(带回来　寄回来　送过来　送上来)

(四)变换

V+处所　→　V+趋向 V+处所+来/去

　我看见他　走　进　图书馆　去　了。

　他们一起　走　出　教室　　　去　了。

　他　　　　跑　回　家　　　　来　了。

让学生自己说出用到趋向动词"过""上""下"的句子：

　他　　跑　过　马路　去　了。

　他　　爬　上　楼　　去　了。

　他　　走　下　楼　　来　了。

(五)宾语的位置

V+事物　→　(1) V+趋向 V+事物+来/去

　他从外国给我　带回　一件礼物　来。

　她从楼下　　　提上　一个箱子　来。

　他　　　　　　拿过　一杯咖啡　来。

V+事物　→　(2) V+趋向 V+来/去+事物

　他从外国给我　带回　　来　一件礼物。

　她从楼下　　　提上　　来　一个箱子。

　他　　　　　　拿过　　来　一杯咖啡。

(六)练习

用所给内容写句子：

1. 买回　一本字典　　　　2. 拿出　小说

3. 走出　校门　　　　　　4. 拔起　萝卜

5. 提下　一个箱子　　　　6. 跑下　楼

7. 爬上　山　　　　　　　8. 走过　桥

四、做课后练习2，让同学两人一组做替换练习

五、总结本节课的主要内容并布置作业

(一)复习这节课所学内容。
(二)做课后练习 5、6、8。

【五、六课时】

一、组织教学
　　(一)简短问好，安定课堂纪律，集中学生的注意力。
　　(二)检查学生的出勤情况等。
二、复习旧课
　　(一)复习上次学习的语法点：
　　1、V+处所　→　　V +趋向 V+处所+来/去
　　2、V+事物　→(1)V　+趋向 V+事物+来/去
　　　　　　　　→(2)V　+趋向 V+来/去+事物
　　(二)检查学生作业情况，带领学生做课后练习，并纠正错误，给出正确答案，讲解错误点。
三、讲解新课
　　(一)V 不带宾语
　　1. V+了 +趋向 V+来/去　　　　　2. V+趋向 V+来/去+了
　　(1)同学们都跑了出去。　　　　　(1)同学们都跑出去了。
　　(2)大家都站了起来。　　　　　　(2)大家都站起来了。
　　(二)V 带宾语
　　1. V+趋向 V+处所+来/去+了　　　2. V+趋向 V+来/去+了+事物
　　(1)他们都爬上山去了。　　　　　(1)我买回来了一件大衣。
　　(2)我看见他走回宿舍去了。　　　(2)他拿回来了一本杂志。
四、操练
　　让学生造句，老师点评。
五、总结
　　和学生一起总结复合趋向补语的全部内容
　　1. V+处所　→　　V +趋向 V+处所+来/去
　　2. V+事物　→　（1）V　+趋向 V+事物+来/去
　　　　　　　　→　（2）V　+趋向 V+来/去+事物
　　3. V 不带宾语
　　(1)V+了+ 趋向 V+来/去
　　(2)V+趋向 V+来/去+了
　　4. V 带宾语
　　(1)V+趋向 V+处所+来/去+了
　　(2)V+趋向 V+来/去+了+事物

做课后第7题

六、布置作业

课后做练习4、6、9。

附录

1. 生词

1. 图书城	2. 进去	3. 各种各样	4. 兴奋	5. 书架
6. 下来	7. 抽	8. 挑	9. 选	10. 小说
11. 回去	12. 除了……以外……	13. 于是	14. 音像	15. 这里
16. 根据	17. 拍	18. 盒	19. 下	20. 学期
21. 纸箱	22. 饭馆	23. 盘	24. 累	25. 困
26. 电梯	27. 维修	28. 楼梯	29. 只好	30. 提
31. 步	32. 钥匙	33. 却	34. 忽然	35. 起来
36. 插	37. 拔	38. 哭笑不得		

2. 课文

星期天，我和麦克一起骑车到图书城去买书。图书城离我们学校比较远。那天刮风，我们骑了一个多小时才骑到。图书城很大，里边有很多书店。每个书店我都想进去看看。我们从一个书店走出来，又走进另一个书店。看到书店里有各种各样的书，我很兴奋。从这个书架上拿下来一本书看看，再放上去，又从另一书架上抽出来一本书看看。我挑了几本历史书，麦克选了一些中文小说。我们都想买一些书带回国去，因为中国的书比我们国家的便宜得多。

除了买书以外，我还想买一些电影光盘。于是我们又走进一家音像书店。我问营业员，这里有没有根据鲁迅小说拍成的电影DVD。她说，有，我给你找。不一会儿，她拿过来几盒光盘对我说，这些都是根据鲁迅小说拍成的电影。我对麦克说，下学期我就要学习鲁迅的小说了，我想买回去看看。我和麦克买了《药》和《祝福》等，还买了不少新电影的光盘。营业员给我们俩一人找了一个小纸箱。我们买的书和光盘正好都能放进去。

从图书城出来，已经十二点多了。我和麦克走进一个小饭馆去吃午饭。我们要了一盘饺子、几个菜和两瓶啤酒，吃得很舒服。

吃完饭，我们就骑车回来了。回到学校，我又累又困，想赶快回到宿舍去洗个澡，休息休息。我从车上拿下小纸箱。走进楼来，看见电梯门口贴了张通知："电梯维修，请走楼梯。"我住十层，没办法，只好爬上去。我手里提着一箱子书，一步一步地往上爬。爬了半天才爬到十层。到了门口，我放下箱子，要拿出钥匙开门的时候，却发现钥匙不见了，找了半天也没有找到。啊！我忽然想起来了，钥匙还在楼下自行车上插着呢,我忘了拔下来了。这时,我真是哭笑不得。我刚要跑下楼去,就看见麦克也爬上来了,他手里拿的正是我的钥匙。

【思考练习】

1. 请谈谈综合课的"综合"具有什么内涵。
2. 综合课中的语言要素教学与技能训练是如何结合的?请举例说明。
3. 综合课的语言要素教学包括语音教学、词语教学、语法教学与短文教学。通过阅读文献请谈谈短文教学在综合课中的地位以及教学技巧。
4. 假设你在国外从事汉语教学,教学对象是初级汉语水平的学生。今天的教学内容是"比"字句,课文里的句子是:这里的天气比上海冷。请你给出该语言点的教学设计,并谈谈你准备采用哪些具体的教学方法与技巧。

【拓展阅读】

1. 国家对外汉语教学领导小组办公室. 高等学校外国留学生汉语教学大纲[M]. 北京:北京语言大学出版社,2002.
2. 李晓琪. 对外汉语综合课教学研究[M]. 北京:商务印书馆,2006.
3. 李杨. 对外汉语教学课程研究[M]. 北京:北京语言文化大学出版社,1997.
4. 吕必松. 对外汉语教学概论(讲义). 国家教委对外汉语教师资格审查委员会办公室,1996.
5. 盛炎. 语言教学原理[M]. 重庆:重庆出版社,1990.
6. 杨寄洲. 对外汉语教学初级教学大纲[M]. 北京:北京语言大学出版社,1999.
7. 赵金铭. 对外汉语教学概论[M]. 北京:商务印书馆,2004.
8. 朱庆明. 对外汉语教学初级阶段课程规范[M]. 北京:北京语言文化大学出版社,1999.

第十章　汉语口语课教学

【案例导入】

施老师是一名在读的汉语国际教育硕士,目前在一所大学当汉语实习老师。她今年给一个初级班上口语课。之前,施老师已经学过《对外汉语教学概论》《汉语教学法》等硕士课程,因此她觉得给初级水平的留学生上口语课应该是没问题的,但她上了几次课后发现学生越来越不喜欢口语课了。于是,她找班长了解情况,班长说,大家觉得你上的口语课跟综合课差不多一样,所以觉得只上综合课就可以了。小施老师困惑了,自己就是按照书上的内容来上的呀,怎么会跟综合课一样呢?小施老师遇到的问题在实习老师甚至刚入职的年轻老师中,具有一定的普遍性。在回答小施老师的困惑之前,我们必须先了解口语课的性质、任务与教学方法等问题。

【基础知识】

────● 口语课的性质、目标、任务与原则 ●────

1. 口语课的性质与目标

口语课属于一门单项技能课,在 20 世纪 80 年代作为一种独立的教学形式进入对外汉语教学课程体系。口语是指汉语的口头表达,属于一种"说的汉语",与"看的汉语"——书面语有所不同,因此从综合课中分出口语课非常必要,这也是对外汉语教学学科发展逐步走向成熟的标志之一。

口语课的性质与汉语作为第二语言教学的性质与目的密切相关,汉语作为第二语言教学的目的在于培养学生运用汉语进行交际的能力,而交际能力中最重要的部分则是言语技能,即听、说、读、写的能力。口语课就是专门训练"说"这一单项技能的课程,因此,我们可以说,口语课是一门单项技能训练课,与"综合课""听力课""阅读课"等共同组成汉语作为第二语言教学课程体系。

根据教学对象汉语水平的高低,口语课分为初级口语课、中级口语课与高级口语课。阶段不同,教学目标也不同。初级阶段口语课的教学是为了训练和培养学生进行日常会话和一般性交际的能力。因此需要着重加强语音语调的训练，培养学生的对话能力和成段表达能力，并且注意口语表达的得体性，逐步培养学生的汉语语感。中级阶段口语课的教学是培养和提高学生对汉语日常交际语言的理解能力和表达能力，在日常生活和一般社会交际中能听懂不带关键性生词和较难语法点、语速正常的标准普通话和略带放音的普通话，并能比较流畅、自如地运用所学词语和句式进行日常的口头表达。高级阶段口语课的教学是培养学生运用汉语进行高层次口头交际的能力，在未来的洽谈、翻译、公关等实际工作交际中能熟练、灵活地运用汉语口语。所以注重提高表达的多样性、适应性及得体性。

2. 口语课的教学内容与任务

初级阶段口语课的教学内容是设置常见的、实用的、真实的交际情景，给出与特定情景相关的常用词语和句式结构，由学生组织句子或语段进行会话。中级阶段口语课的教学内容是由听一般对话逐步过渡到听有一定长度的篇章，使学生掌握日常口语交际中必备的词汇和句式，并能比较正确和熟练地加以运用。高级阶段口语课的教学内容是学生先听关于某一方面问题的录音材料，而后在教师指导下就此问题进行谈论。

不同教学阶段，口语课教学具有不同的具体内容与教学重点。初级阶段主要包括五个方面：(1)语言要素，包括语音、词汇、语言点(语法、功能表达的基本句式、常用的口语表达结构、口语表达的突出特点)；(2)交际文化；(3)技能训练(听的训练、读的训练、说的训练)；(4)交际技能训练；(5)学习策略的培养。①

中级阶段则包括六个方面的内容：(1)语言要素：①语音：重音、节奏、句调；②词汇：口语表达中常用的实词、固定短语、常用的虚词和表达结构、起连接作用的词语；③语言点：虚词的用法、补语的引申用法、各种关系的复句、口语表达中常用的固定结构和句式、反问句、语段知识、口语表达中的特殊现象；(2)语言功能项目；(3)交际文化；(4)技能训练；(5)交际技能训练：①表示赞成，②表示异议，③表示承接，④表示转换，⑤表示补充，⑥插话；(6)学习策略。②

高级阶段也包括六个方面的内容：(1)语言要素：语音、词汇、语法(口语格式、复句、语气的表达、语段和语篇教学)；(2)功能项目；(3)文化内容；(4)口语技能训练：①语篇的分析练习，②组段成篇的练习，③语篇模仿性练习，④修改语篇的练习；(5)口语交际技能训练：①表达技巧训练，②表达策略训练，③体态语，④思维方式训练；(6)学习策略。③

---

① 参见蔡整莹《汉语口语课教学法》(北京语言大学出版社，2009年版)第8-13页。
② 参见蔡整莹《汉语口语课教学法》(北京语言大学出版社，2009年版)第52-59页。
③ 参见蔡整莹《汉语口语课教学法》(北京语言大学出版社，2009年版)第88-95页。

3. 口语课的教学原则

口语课教学应该坚持贯彻交际性原则。口语课教学目的是以培养、提高学生运用汉语进行交际的能力，因此，交际性是口语课教学总的原则。在这个总的原则下，我们还要贯彻以下具体的教学原则：

(1) 由简到繁、由易到难，循序渐进。词语、句式、功能点的安排与教学应该遵循由简到繁、由易到难的顺序。

(2) 以学生为中心、因材施教。不同的教学对象，其文化背景、目标需求和心理需求、学习环境和学习条件是不一样的。教师要能针对这些具有不同情况的学生施教，口语教学应有所侧重。

(3) 精讲多练，提高学生的开口率。练习（操练）是语言习得的主要途径。因此，"精讲多练"是第二语言教学的重要原则，体现在口语课教学上则是"精讲多说"。"精讲"指口语课堂上教师所讲的内容应少而精，一般情况下教师的"精讲"不能多于整堂课的1/3。教师在课堂上的讲解必须正确、简单、明了，尤其是初级阶段，由于对外汉语教学的对象的汉语水平不太高，那么教学内容的通俗易懂便成为一个十分需要注意的方面。"多说"指在教师的引导下进行有目的的口头表达，一般不低于整堂课的2/3。大量、有效的练习，可加深学生对所学内容的理解，便于他们对所学内容的正确运用。

(4) 教学联系学生的实际。"联系实际"首先是指口语教学使用的词语、句式等不能过于简单，但也不能太难，应该略高于学生的水平。其次教学中的话题要贴近学生的生活实际，能引起学生的共鸣，激发他们主动开口的欲望，从而推动教学的课堂运行。

口语课的教学方法

初级阶段口语课的教学方法是在理解的基础上进行模仿练习和自由表达练习，多说多练，提高开口率。中级阶段的口语教学方法是以教师指导学生听录音、听后说、模仿说、自由表达为主，以看录像等电化教学手段为辅，在听、说两种语言技能方面对学生进行系统的训练。高级阶段的口语教学方法是以促进学生主动学习为出发点，确保在课堂上让学生进行"真正的交际活动"。基本采用三段式教学，即话题引入—深化扩展—实际操练，以听导入说，而后注重通过多种训练方式使学生掌握语言技能和语言知识。口语课教学的实践性很强，课堂活动的设计非常重要，蔡整莹（2009：123-128）提出了九种口语课的课堂活动：表演型活动、猜测型活动、对比型活动、调查型活动、拼图型活动、解决问题型活动、交换观点型活动、游戏型活动以及综合型活动。安排课堂活动可以灵活利用教室中的各种条件，甚至可以对教室里的设备等提前做好安排与布置。

口语课具体的教学技巧往往体现在教学的各个环节、各个步骤中。

1. 组织教学。稳定课堂秩序，点名检查学生出勤情况；引入教学内容。汉语口语引入教学时，教师要尽量做到有的放矢，让学生很快了解到即将学习的内容。

2. 处理生词。教师可以特意安排把生词放在情景会话中使其自然呈现，确保学生能够准确理解词义。在处理生词的过程中，教师应注意教学生区分书面语词汇与口语词汇。

3. 学习课文及重点词语用法

（1）设计情景。一篇完整的会话课文体现了一个话语功能项目。教师将整篇口语课文进行重新设计，设计出一个个小情景，以便于讲解与操练。这种做法有利于分散难点，有利于让学生循序渐进地在一个大的语境中掌握口语表达技能。

（2）练习交际

①情景展示。在让学生进行实际训练之前，教师应首先进行每一子情景的演示。演示的方法有几种：其一，教师可利用图片、实物、实景、幻灯、投影仪等进行演示。其二，教师可自身作为交际的双方 AB 角色进行演示（教师可利用动作、高低音、指示等方法区别 AB 角色）。其三，教师亦可与班内交际能力较强、语音语调较好的学生进行演示等。在该环节中，教师可将情景演示中出现的重点词语、基本句以及特别的口语表达形式等，按口语交际顺序板书在黑板上。

②模仿练习。模仿练习可采取多种方式，一般有以下几种情况：a. 教师扮演 A，指定学生扮演 B（或 B、C）；b. 学生扮演 A、B（或 A、B、C）；c. 将学生分成两组或三组，分别扮演 A、B 或 A、B、C。在学生操练过程中，教师适时地提示学生使用板书在黑板上的本课重点词语、基本句以及特别的口语表达形式。

③朗读课文。模仿训练完成之后，请学生打开书，学习一下口语会话课文。教师可先带读课文，纠正学生的错误；然后请学生分角色读对话。将技能与语言形式结合起来，帮助学生巩固上述的技能训练。

（3）重点词语用法与文化知识

重点讲解重点词语及相关文化知识。在学习课文时，教师可再次将其提出来讲解一下。从脱离课本再回到课本，从技能训练回到语言形式，再到具体的语言要素，这样有利于帮助学生全面地掌握口语技能。

4. 做练习。口语课的练习包括词语方面的和表达技能方面的两种。属词语方面的练习，可在学习课文后完成，这样可起到及时巩固所学词语的作用。属表达技能方面的，或在练习交际时进行，或留给学生自己完成。

5. 归纳总结。当完成了全部教学任务之后，教师可用二至三分钟时间，对本课的重点词语、功能项目、文化知识等进行归纳总结，以示强调本课所学的内容。对学生在口语表达过程中的优点和不足也要点评。

6. 布置作业。最后布置作业，作业应以听说内容为主。

学了上述口语课的相关知识，我们再来分析实习老师施老师的教学疑难：学生觉得她上的口语课跟综合课差不多一样，所以认为只上综合课就可以了。口语课与综合课属于不同的课型，课程性质、教学内容、教学目标、教学任务等均有所不同，学生觉得跟综合课一样，说明施老师把口语课上成了综合课，没有贯彻"精讲多练""以学生为中心"等原则，忽视了课堂活动在口语课中的作用。因此，施老师要认识到，口语课是语言技能课，不是知识课。教学任务是培养学生使用汉语进行口头交际的能力。建议施老师及时调整教学方法，重视课堂活动，提高学生的汉语口头表达能力。

【案例分析】

  从上述内容来看，汉语口语课与汉语综合课属于不同的课型，二者具有不同的教学内容、教学目的与教学原则，所使用的教学方法也不尽相同。学生不欢迎实习老师施老师的课，认为施老师的口语课跟综合课一样，所以我们认为，可能是施老师在口语课上把过多的时间花在知识的讲解上，忽略了口语课的教学目的与教学原则。实际上，口语课是一门以培养学生在实际生活中运用汉语进行口头交际的单项技能训练课。从第二语言教学的顺序来看，口语课堂教学基本上采取先听说、后读写的方式。对第二语言初学者来讲，学习语言在前，使用语言在后，先输入后输出。汉语口语课要训练学生正确地运用汉语语音、语调、词汇、语法以及各种功能项目，在不同的语境中表达自己的思想，所以教师应从如何训练"说"这一技能着手来安排课堂教学，训练和培养学生的口头交际能力。

  初级阶段的口语教学目的在于培养他们随想随说，语音、语调正确自如，词汇、语法使用合理恰当，符合汉语的口语表达习惯，使汉语真正成为学生的第二个口头交流思想的工具。在教学过程中，教师要善于运用比较、分析、归纳、解释等各种方法，注重培养学生的理解能力、发问能力。经过训练，使学生达到能够在一个具体的语境中，不间断地说出意义连贯、表达完整的一段话语。在教学的过程中，一定要贯彻"精讲多练"的原则，不能一味地由教师唱独角戏，大讲语法规则。因此，建议施老师明确口语课的教学性质与特点，降低知识讲解的成分，多给学生"说"的机会，提高学生的开口率，增加课堂活动，尝试使用多样化的、具有针对性的教学方法与教学技巧。如果照此改进的话，相信施老师的口语教学会有所改观的。

  下面是一个初级汉语口语课教案，可供参考：

"第9课　打电话"教案

教学对象：初级水平留学生

所用教材：《汉语口语教程(初级 A 种本 上册)》(陈光磊主编，北京语言大学出版社，2000 年版)。

教学内容：1. 学习生词。要求学生在句子中理解词义并能自由运用。

     2. 重点词语讲解。通过练习巩固重点词语，加深记忆，为学习课文做准备。

     3. 学习本课语法。由易到难，由肯定到否定，反复练习。

     4. 学习课文。包括提示词语，预设语境，给出话题，等等。

     5. 练习。要求学生能根据所给情景，运用所学内容进行会话。

教学重点：功能项目"打电话"，如何通过电话与别人进行交际(打电话、接电话)。
学时安排：4学时。
教学设计：

【一、二课时】

一、组织教学

(一)简短问好，安定课堂纪律，集中学生的注意力。

(二)检查学生的出勤情况等。

二、导入新课

一般采用提问的方式导入新课。比如：

(1)你经常使用什么方式跟你的爸爸妈妈联系？

(2)多长时间给你的女(男)朋友打一次电话？

(3)你给中国朋友打过电话吗？怎么打的？

(4)你接过中国朋友的电话吗？怎么接的？

然后自然过渡到本课学习内容上来。

三、处理生词

1. 认读生词

教学过程设计：教师带领学生认读生词。

步骤1：教师领读生词。

步骤2：隐去其中的拼音，让学生读。用教鞭随意指向某个生词，请同学读；边读边纠正发音。

2. 讲解重点词语及操练

教学过程设计：在生词表中依次用矩形框标示出要讲解的重点词语。先显示例句，并讲解、领读，然后通过句型框架进一步让学生练习。

(1)等：等一下、等一会儿、等一等。

(2)就：我就来、我就去、老师就来了。

(3)请：请你回答这个问题、请叫小王接电话、请他来办公室一下。

(4)在：A. 在+地方：我在教室学习、我的同屋在房间睡觉、你在哪儿学习？

B. 在+动词：马丁在学习太极拳、山本在看电视、你在干什么？

操练贯穿于词语讲解中，具体词的讲解都可以按照"讲解—操练—检查"来进行。

四、学习课文及重点词语用法

教学过程设计：学习并练习情景会话(一)"打电话"。

步骤1：带拼音领读、朗读。

用PPT展示课文，教师用教鞭边指边领读，然后让学生读。

步骤2：无拼音领读、朗读。学生分角色念，教师纠音。

用PPT展示：隐去拼音的对话。

步骤3：教师根据课文框架请同学复述，或提问后请同学回答问题。

PPT显示会话(一)框架：

A：喂，是_____吗？

B：是的，_____？

A：我找张习言教授。

B：_____，我去叫他。

A：谢谢您。

B：张教授，_____。

C：谢谢，_____。

步骤4：让学生在课文框架的提示下复练。

步骤5：将课文框架还原为课文，带领学生朗读；扮演角色朗读。

步骤6：讲解重点句子及中西方打电话的异同。

五、做练习

做练习(一)1-6；练习(二)1-3；练习(三)1-3；练习(四)1-3。

【三、四课时】[①]

六、学习课文及重点词语用法

教学过程设计：学习并练习情景会话(二)"接电话"。

步骤1：带拼音领读、朗读。

用PPT展示课文，教师用教鞭边指边领读，然后让学生读。

步骤2：无拼音领读、朗读。学生分角色念，教师纠音。

用PPT展示：隐去拼音的对话。

步骤3：教师根据课文框架请同学复述，或提问后请同学回答问题。

用PPT展示会话(二)框架：

A：喂，_____？

B：请叫小王听电话。

A：小王不在。_____？

B：_____，你叫他晚上给我打个电话。

A：好的。

B：谢谢你。_____！

A：_____！

步骤4：让学生在课文框架的提示下复练。

步骤5：将课文框架还原为课文，带领学生朗读；扮演角色朗读。

---

① 在上课前会用1~2分钟的时间组织教学。

步骤6：讲解重点句子。

七、做练习

做练习（一）7-12；练习（二）4-6；练习（三）4-6；练习（四）4-6

八、归纳总结

1. "请""就""在"等词语的意思及用法。

2. 打电话的常用语。

3. 接电话的常用语。

4. 中西方打电话方式的异同。

九、布置作业

1. 听对话的录音。

2. 如何通过电话与人用汉语进行交际。以"打（接）电话"为情景，准备两个对话，下次上课时与同桌扮演角色进行对话。

附录

对　　话

（一）

A：喂，是复旦大学中文系吗？

B：是的，您找谁？

A：我找张习言教授。

B：您等一等，我去叫他。

A：谢谢您。

B：张教授，您的电话。

C：谢谢，我就来。

（二）

A：喂，您找谁？

B：请叫小王听电话。

A：小王不在。您找他有事吗？

B：我是老张，你叫他晚上给我打个电话。

A：好的。

B：谢谢你。再见！

A：再见！

【思考练习】

1. 有人说，口语课教学就是教外国人口语语体的汉语。请结合"拓展阅读"谈谈你的看法。

2. "综合课"与"口语课"的教学目的与任务不同，但二者有很多联系，请谈谈二者之间的联系。

3. 综合课中有词语教学，口语课中也有词语教学，请谈谈这两种教学有何区别。

4. 假设你是一名对外汉语教师，教口语课。你的教学对象是来华学了半年汉语的外国留学生，下面是今天要学习的课文①：

  A：明子，这件毛衣怎么样？
  B：很漂亮。
  A：颜色、式样我都很喜欢。
  B：你穿上试试。
  A：好像小了一点儿。
  B：那换件中号的再试试。
  A：这件不大不小，正好。
  B：那就买这件。

请你针对该课文做一个口语课的教学设计。

【拓展阅读】

1. 蔡整莹. 汉语口语课教学法[M]. 北京：北京语言大学出版社，2009.
2. 国家对外汉语教学领导小组办公室. 高等学校外国留学生汉语言专业教学大纲[M]. 北京：北京语言大学出版社，2002.
3. 李晓琪. 对外汉语口语课教学研究[M]. 北京：商务印书馆，2006.
4. 刘晓雨. 对外汉语口语教学研究综述[J]. 语言教学与研究，2001(2).
5. 吕必松. 对外汉语教学概论（讲义）. 国家教委对外汉语教师资格审查委员会办公室，1996.
6. 杨寄洲. 对外汉语教学初级教学大纲[M]. 北京：北京语言大学出版社，1999.
7. 赵金铭. 对外汉语教学概论[M]. 北京：商务印书馆，2004.

---

① 该短文摘自《汉语口语教程（初级 A 种本下）》（陈光磊主编，北京语言大学出版社，2003 年版）

第十一章　汉语听力课教学

【案例导入】

小李老师是一名从事对外汉语教学的大学教师，工作五年了，年轻活泼，一直教初级班的口语课，深受外国留学生的欢迎。这个学期，学校除了继续给她安排了一门口语课外，同时还给她安排了一门听力课，她欣然接受。可是开学上过几个星期后，她发觉上听力课没有上口语课那么得心应手，总感觉学生不好调动。课堂上小李老师组织很多交际活动，教学氛围很好，学生也很积极，自己也很满意，可是在做听力练习时，大部分学生无法正确完成练习。之前，她总认为听力课是最容易上的课，自己刚毕业，对大家都不熟悉，教研室不会安排这样的课给她上。现在她才感觉到真实情况未必如此。

在这个案例中，小李老师开始觉得听力课容易上，为什么后来改变看法了呢？听力课是一门什么性质的课？有什么特点？它真的是最容易上的课吗？

【基础知识】

────● 听力课的性质、任务与目标 ●────

1. 听力课的性质

与口语课、阅读课等一样，听力课也是对外汉语教学中的一门单项技能训练课。自20世纪70年代末，国外功能教学法理论对我国的对外汉语教学产生了重大的影响，影响之一就是促使对外汉语课堂教学以及课程体系发生了重大变化，开始出现听、说、读、写的分技能训练，并体现在课程设置与教材编写等方面。关于听力课的性质，杨惠元(1996，2007)认为，听力理解的本质是人们利用听觉器官对言语信号接收、解码的过程。速度问题是至关重要的问题，而接收、解码的速度跟言语信号清晰度有关，跟听觉器官的灵敏度有关，跟已经储存在大脑中的经验成分的数量有关，跟解码操作的熟练程度也有关。听力课教学的根本目的就是通过一定的练习和刺激，通过可懂输入增强储存在大脑中的词汇的可感应性，增强使用语法规则的熟练程度，建立目的语的言语系统，摆脱对母语的依赖性。①

2. 听力课的教学任务

听力课的教学任务，体现在以下几个方面：(1)辨音能力(辨别分析能力)。学生首先接受的是一串串语音刺激，再进行初步编码。(2)辨别语句重音和语调的能力。重音、停顿和语调等方面的差别是语言形式配置要素的一个组成部分。(3)对句法结构形式及其意义的领会能力。这种能力主要靠综合课解决，但听力课应通过"听"强化学生对所学语法的理解与运用。特别对汉语语序与虚词语法手段的特点应有足够的认识。(4)记忆储存能力。听力理解是一系列大脑活动的过程，是注意、记忆、思考、综合判断等过程的综合体。在领会的基础上通过"听"把尽可能多的新信息与储存在大脑中的旧信息联系起来形成新的理解，因此记忆在听力理解过程中占很重要的地位。(5)捕捉主要信息能力(检索监听能力)。引导学生把握汉语遣词达意的规律，正确认识核心信息及有用信息，识别多余信息，更重要的是捕捉话语信息的核心。关键在于把握名词和动词，虚词次之。(6)抓细节提高精听能力(边听边记能力)。这是在捕捉核心信息能力基础上更高层次的听力技能。在一闪即过的语流中听者不可能记忆全部细节，因此要在听力训练中培养学生边听边记的习惯，防止学生只听不动笔。(7)联想和预测能力(联想猜测能力)。(8)快速反馈能力(听后模仿能力)。(9)概括总结能力。概括总结能力的培养，即抓要点的训练应该从一开始就强调，并且要贯彻听力教学的始终。所谓要点包括两个方面，一是语言材料的主要内容，二是主要内容所蕴含的深层意义，即中心意思或主题思想。抓要点的练习可以从单句训练开始，再过渡到成段的话语，最后训练学生概括总结全篇的主要内容和中心意思。

听力课的教学内容因教学阶段的不同而有所不同。初级阶段，教学内容配合综合课的语音、语法、词汇等采用单句、对话及短文形式，以日常生活和交际情境为主。在中级阶段，听力与口语合并设课，教学内容由听一般的对话逐步过渡到听有一定长度的篇章，使学生掌握日常口语交际中必备的词汇和句式，并能比较正确和熟练地加以运用。到了高级阶段，对读写能力的要求逐步提高，因此，教学大纲没有设置专门的听力单项技能课。

3. 听力课的目标

听力课的目的是培养学生在言语交际中听音理解的能力。听力是语言交际能力的重

---

① 参见杨惠元《汉语听力说话教学法》(北京语言学院出版社，1996年版)第24-38页以及《课堂教学理论与实践》(北京语言大学出版社，2007年版)第216-217页。

要组成部分。听音理解能力是一种由听力速度、记忆、判断、概括等紧密联系在一起的综合能力，是对语音、语法及词汇的综合运用。杨惠元(2007)认为，听力课教学有三个目的：(1)训练学生听觉器官的灵敏度，能够快速准确地辨析语言信号。(2)帮助学生吸收尽可能多的语言要素，并且作为经验成分储存在他们的大脑记忆库中。(3)通过大量和反复输入语言信号，训练聆听理解微技能，提高接收解码的熟练程度，激活听觉语言中枢。[①]

具体到不同阶段的听力课教学，则有不同的教学目标。在初级阶段，听力课教学目标是通过对学生进行声调、语调、单句、对话及短文的听辨能力训练，培养学生精听、泛听、检索听等基本技能及听力理解能力。在中级阶段，听力与口语合并设课，教学目标是培养和提高学生对汉语日常交际语言的理解能力和表达能力，在日常生活中和一般社会交际中能听懂不带关键性生词和较难语法点、语速正常的标准普通话和略带方言的普通话，并能比较流畅、自如地运用所学词语和句式进行日常的口头表达。到了高级阶段，对读写能力的要求逐步提高，因此，教学大纲没有设置专门的听力单项技能课。

● 听力课的教学原则与方法 ●

卢福波(1992)认为在初级阶段，听力课教学要坚持贯彻"实用性""多样性"与"立体性"三条原则。"实用性"是指听力材料而言，"多样性"则指教学方式与教学方法而言，而"立体性"则指课堂结构而言。[②] 刘琨(2011)认为，在中级汉语听力课堂教学中，教师讲解是一个非常重要的环节。教师讲解应遵循引导性、针对性、有效性等几个基本原则。[③] 实际上，不管哪个级别的听力课，都应该坚持贯彻"精讲多听"的总原则。因此，听力课会设计、安排多种多样的听力练习，一般包括"语音练习""词义理解练习"与"语义理解练习"。

在初级阶段，教学方法是在教师指导下听录音并做练习，精讲多听，逐步提高听力速度。在中级阶段，听力与口语合并设课，教学方法是以教师指导学生听录音、听后说、模仿说、自由表达为主，以看录像等电化教学手段为辅，在听、说两种语言技能方面对学生进行系统的训练。到了高级阶段，对读写能力的要求逐步提高，因此，教学大纲没有设置专门的高级听力单项技能课。

---

① 参见杨惠元.课堂教学理论与实践[M].北京：北京语言大学出版社，2007：217.
② 参加卢福波.基础汉语听力课教学的三项基本原则[J].辽宁师范大学学报(社科版)，1992(6).
③ 参见刘琨.中级汉语听力教学中教师讲解的原则和方法[J].西安电子科技大学学报(社会科学版)，2011(6).

【案例分析】

如果小李老师了解了听力课的相关知识后，可能会认识到，每门课都有自己的性质、特点与方法，不能凭自己的主观想像，也不能因为自己口语课上得好就认为自己别的课也上得好。听力课是专门训练学生听力技能的单项技能课，而口语课则是专门训练学生汉语口头表达能力的单项技能课。二者在教学任务、教学目标以及教学方法等方面均有所不同，如果把听力课上成了口语课，尽管课堂氛围可能不错，但无法完成该课程的教学任务，也达不到相应的教学目标。因此，在听力课教学中一定要抓住课型的性质与特点，了解听力课的教学程序与教学环节，在教学中反复实践，并反思自己的教学，用书本里的理论知识指导自己的实践。那么听力课的教学程序与教学环节是怎样的呢？与口语课有什么不同？

听力课属于专项技能课，即听力技能训练课，与说、写相比较，听与读一样属于"输入"范畴。只有听好了，才能说得好。如果把一个教学单位时间（两节课）作为一个教学单位的话，课堂教学可以有开头、展开和总结三个环节；如果把一课书的内容作为一个教学单位的话，则可以有复习旧知识、学习生词、听正文、做练习、总结五个教学环节。听力课教学程序会因教学阶段不同而略有差异。

1. 初级阶段

按照"复习旧知识→学习生词→听正文→做练习→总结"五个环节进行，不过在实际操作上往往将这五个环节归并为三个环节：复习旧知识、学习生词→听正文、做练习→总结。其中，第一个环节采用以旧带新的方式学习词语。三个环节中，第二环节最为重要，它是一课书的核心，正文一般会听三遍。听第一遍录音，要求学生注意检索主要信息，概括大意，指出人物关系与谈论事件。教师根据录音提问并让学生回答。听第二遍录音，听后做练习。听第三遍，检查学生对细节的掌握，重听重点与难点，听后做练习。

2. 中级阶段

中级阶段的听力课文一般较长，课堂教学中，一般按照自然段落将课文分为几部分，相应的，生词与练习也分为几个部分，一部分或几部分为一个环节。然后逐一完成教学环节。如下：

第一环节：生词→课文→练习

第二环节：生词→课文→练习

第三环节：生词→课文→练习

……

下面是一个初级汉语听力课的教案，可供参考：

"第十一课"教案

教学对象：一年级外国留学生

课程类型：初级听力课

所用教材：《汉语听力教程(修订本)》第二册，杨寄洲主编，北京语言大学出版社，2010年版。

教学时间：90分钟

教学目标：

　　一、语言知识

　　1. 语音方面

　　正确辨析教材中近似词语的不同声调。掌握句中的停顿，并能正确理解句义。

　　2. 词汇方面

　　能正确理解"条子""分手"等词语在对话中的意思。

　　3. 语法方面

　　正确掌握"越……越……"句式的用法，并能理解"就没有……的？""行了，你可……""……也没什么"等所表达的话语意义。

　　二、听力技能

　　通过对语言知识的学习，提高学生理解实际句义的能力。

教学重点：

　　"越……越……""就没有……的？""行了，你可……""……也没什么"等所表达的话语意义。

教学环节：

【第一课时】

一、组织教学

　　(一)简短问好，安定课堂纪律，集中学生的注意力。

　　(二)检查学生的出勤情况等。

二、导入新课

　　采用提问的方式导入新课。

　　内容或话题涉及中学生谈恋爱的问题。

　　师生对话中尽量使用相关词汇与句式，之后教师板书：

　　1. 词语：男生、女生、递条子、谈恋爱、分手。

　　2. 语法：越……越……

　　　　　　就没有……的？

　　　　　　行了，你可……

　　　　　　……也没什么

三、学习新课

　　1. 听句子

2. 听较短对话

【第二课时】①

四、学习新课

1. 学习较长对话的生词(不逐个讲解):期中、名、期末、递、条子、女生、男生……

2. 听第一遍较长对话录音

检索主要信息,概括大意,指出人物关系与谈论事件。听后做练习。

判断题:8个句子,判断正误。

3. 听第二遍录音

听完后做练习,选择题:3个题。

4. 教师板书"越……越……""就没有……的?""行了,你可……""……也没什么"等句式和重点句子,并加以讲解。

5. 学习短文生词并听第一遍短文录音

板书生词:三星级酒店、有意者。

听录音,注意关键词,要求学生边听边记,记下关键词。

听后做练习:判断正误。

6. 语音语调练习

听后选择听到的句子。

听句子,根据重音提问。

五、复习小结

领读板书的重点,然后跟学生一起回忆录音中的相关句子。

六、布置作业

用"越……越……""就没有……的?""行了,你可……""……也没什么"这些句式写句子。

附录:听力文本

儿子的初恋

母亲:最近功课怎么样?

儿子:期中考试刚考完,外语没考好,可能是第四名吧。

母亲:这可不行,期末一定得考好点儿。最近我听说你们班有"递条子"的事,是吗?

儿子:是有,我没递过。

---

① 在上课前会用1~2分钟的时间组织教学。

母亲：真没有？听说你们班上的漂亮女生不少，就没有一个你喜欢的？

儿子：真没有！没一个我喜欢的。

母亲：行了，你可骗不了你妈，是不是坐你对面的小婉？我常看见你们在一起。

儿子：她？还不如她呢。

母亲：她，她是谁？

儿子：都分手好久了。妈，你就别问了，我们说点儿别的吧。

母亲：不行，我是你妈，什么事不能告诉你妈呢？

儿子：咳，也没有什么，只是小时候在一起玩儿，后来她和她爸妈出国了，就没再回来。

母亲：说了半天，你还没告诉我她是谁呢。

儿子：就是隔壁的小玲。

母亲：哦，她爷爷是我们学校校长。已经过去了，你以后别再想那么多了，学习好是最重要的。

【思考练习】

1. 听力课与口语课都属于单项技能课，分别训练"听"与"说"两项技能。请谈谈二者之间有什么联系。

2. 综合课属于一门综合语言技能训练课，而听力课则属于单项技能训练课。在具体的教学中，听力课教学是如何与综合课教学形成互补配合的呢？

3. 请针对本章案例中小李老师听力课的教学困惑谈谈你的看法。

4. 下面是初级听力课中的一篇听力课文，语言点是副词"才"和"就"。课文如下：

爱云和她先生通过一家中介公司租了一套两室一厅的公寓。这个公寓的房租很便宜，但离爱云学校和她先生的公司都很远。爱云坐公共汽车要一个多小时才能到学校，她先生开车到公司也得40分钟。他们住了半年以后，决定搬家。于是，他们又来到了这家中介公司，请中介公司帮助再找一套公寓。这家公司很快又帮他们找到了一套。新找的公寓离爱云的学校很近，坐公共汽车二十分钟就到了，离她先生的公司也不远，但房租很贵。中介公司的人问他们，是租还是不租呢？爱云说他们还没想好呢。①

请问，如果这是初级听力课的一篇课文，该如何安排它的教学环节？又该选择什么教学方法？请针对该短文进行听力课教学设计。

---

① 选自张风格编著的《发展汉语·初级听力（Ⅱ）》（北京语言大学出版社，2011）第8课。有改动。

【拓展阅读】

1. 国家对外汉语教学领导小组办公室．高等学校外国留学生汉语教学大纲[M]．北京：北京语言大学出版社，2002．
2. 胡波．汉语听力课教学法[M]．北京：北京语言大学出版社，2007．
3. 李晓琪．对外汉语听力教学研究[M]．北京：商务印书馆，2006．
4. 李杨．对外汉语教学课程研究[M]．北京：北京语言文化大学出版社，1997．
5. 吕必松．对外汉语教学概论（讲义）[M]．国家教委对外汉语教师资格审查委员会办公室，1996．
6. 盛炎．语言教学原理[M]．重庆：重庆出版社，1990．
7. 杨寄洲．对外汉语教学初级教学大纲[M]．北京：北京语言大学出版社，1999．
8. 赵金铭．对外汉语教学概论[M]．北京：商务印书馆，2004．
9. 朱庆明．对外汉语教学初级阶段课程规范[M]．北京：北京语言文化大学出版社，1999．

第十二章　汉语阅读课教学

【案例导入】

　　洪老师是一名大学英语教师,从事大学公共英语教学,由于人事变动,今年开始从事对外汉语教学。因为多年从事英语教学,洪老师英语口语不错,也积累了丰富的教学经验,但从来没给外国留学生上过课,考虑到年纪已经较大,学院给她安排了中级阅读课。半个学期过去了,从学生考评反馈的信息得知,洪老师班级的学生很不喜欢她的课,意见很多,主要有两条:第一,老师上课就是让我们读课文,然后对答案。第二,老师不会讲。针对学生的反映,教研室安排了两名经验丰富的教师去听课,洪老师很紧张,听课结果与学生反映的情况基本吻合。

【基础知识】

―――● 阅读课的性质、任务与目标 ●―――

1. 阅读课的性质

　　与口语课、听力课一样,阅读课也是对外汉语教学中的一门单项技能训练课,是专门训练学习者汉语阅读能力的单项技能课。阅读是一种复杂的生理和心理活动,阅读的心理活动主要是指调动存在于大脑中的语言知识库,与视觉器官接收的文字符号相印证,并进行识别、推断和匹配,以达到对文字材料的理解。生理活动则主要是指通过眼球运动去感知文字符号。[①] 汉语阅读课是学生增加可理解输入,巩固所学的语言知识,扩展并积累词汇,训练阅读技巧,培养阅读习惯,逐步获得独立阅读能力的必要途径。

---

　　① 参见吕必松《对外汉语教学概论(讲义)》(续十五)"阅读训练"(《世界汉语教学》1996年第2期)。

2. 阅读课的教学任务

阅读课的重点在于训练提高学习者的汉语阅读能力，阅读训练的具体目的与任务主要体现在三个方面①：(1)培养阅读理解能力。该能力是指读懂所读材料的能力，也就是掌握所读材料的意思的能力，包括对字、词、段落、篇章的理解能力。第二语言的阅读能力必须通过专门的阅读训练而获得；(2)培养阅读技巧。人们进行阅读往往有不同的目的，目的不同，采取的阅读方法也不同。如果是为了消遣，比如看文艺作品，可以粗读可以细读；如果是查找某个信息，那么可以扫读；如果是为了掌握文章中内容，则需要细读、精读。阅读训练的任务之一就是培养这些阅读技巧。(3)通过培养阅读能力来全面提高学生的语言水平。阅读训练过程中可以巩固已学过的字、词和语法点，接触并尽可能吸收一些新的字、词、语法点以及一些文化知识，这些知识也可以用于听、说、写，从而提高学生听、说、写的能力，进而促进学生语言水平的全面提高。

阅读课训练的重点主要体现在三个方面②：(1)积累知识，增加大脑中有关汉语的经验成分。如：认读汉字词语，扩大词汇量；掌握词语词、句与句之间的关系，提高语言理解能力；加强文化背景知识的输入。(2)理解准确性训练。如：识别字词、识别生词、理解长句、理解语段。(3)理解速度训练。如：猜测词义、句义，跳跃障碍；抓语段和语篇的主要意思；完成检索任务。

3. 阅读课的目标

阅读课的教学目的体现在以下三个方面：
(1)培养学生理解话语或文本提供的所有信息的能力。
(2)培养学生的汉语语感，进而全面提高语言能力。
(3)培养学生的阅读技巧。
不同阶段的阅读课教学具有不同的教学目标：
(1)初等阶段"读"的教学目标
根据汉语拼音比较准确地读出汉字的读音，借助词典阅读已学词汇占80%以上的文章，准确概括出文章的意思；在无词典的情况下，能克服非关键性文字障碍，理解已学词汇占90%以上的文章的主要内容。阅读速度达到90~110字/分钟。
(2)中等阶段"读"的教学目标
能基本读懂一定工作范围内的应用文、一般性科普文章、新闻报道、大学入系的基础课程教材等。速度为120~150字/分钟。具有跳跃障碍、了解大意、查找信息、吸收

---

① 参见吕必松《对外汉语教学概论(讲义)》(续十五)"阅读训练"(《世界汉语教学》1996年第2期)。

② 参见杨惠元《课堂教学理论与实践》(北京语言大学出版社，2007年版)第253-255页。

新词语的能力。

(3) 高等阶段"读"的教学目标

能读懂生词不超过 4%、内容较为复杂、语言结构较难的原文,并能较为准确地理解文章中的深层含义;能借助工具书读懂一定范围内的工作文件和报刊上的一般性文章;有较强的快速阅读和查找信息的能力,阅读速度为 200~260 字/分钟;有较强的跳读、猜读和概括提炼的能力。

阅读课的教学原则与方法

1. 阅读课教学原则

阅读课教学要遵循四个原则:实践性原则,实用性原则,由易到难、"循序渐进"的原则与以学生为中心的原则。

(1) 实践性

阅读课是实践性很强的语言技能训练课,而不是语言知识传授课。一切都要围绕着"读"来展开。教学环节的设计、教学方法的选用、教学效果的检查等,都要从阅读课的课程特点来考虑。

(2) 实用性

对一般人来说,学习第二语言的主要目的是用于交际。因此,教学内容的设计及教学安排要考虑到实用,要尽量避免教给学生的是"课堂语言""校园语言"而非真实语言。阅读材料的选取要尽量真实、贴近生活实际(根据学生的等级,符合学生的水平)。

(3) 由易到难、循序渐进

作为汉语教师,要想办法帮助学生化解难题,尽量减少其挫折感,增加其成就感和自信心。

(4) 以学生为中心

学生是阅读过程的真正主体,是教学实践和认识活动的承担者。教师是这一过程的设计者、指导者,其作用是辅助性的。阅读是学生主动的、独立的活动,不能也不应由教师包办代替。

2. 阅读训练方法

阅读课在不同教学阶段有不同的教学重点,因此阅读课教学也应该采取不同的方法。①

---

① 参见吕必松《对外汉语教学概论(讲义)》(1996 年)第 95-96 页。

(1)初级阶段的训练重点是识字训练和词语理解训练。在对外汉语教学中阅读训练必须从识字训练开始,把识字训练作为阅读训练第一阶段的主要内容之一。汉字教学必须跟词语教学相结合。词语训练常见的方法:①组词练习。用学过的汉字组织双字词和多字词,使学生养成识别词的能力和逐渐形成以词为单位进行阅读的能力。②分词阅读练习。即在阅读词组和句子时,在词与词之间做上记号,目的也是使学生养成识别词的能力和逐渐形成以词为单位进行阅读的能力。③朗读练习。在初级阶段,进行以培养阅读能力为目的的朗读练习。④组句练习。即把有关句子中的词或词组分别写在纸片上,先分别向学生展示词或词组,让学生朗读,然后按照这些词或词组在句子中排列的顺序,增加同时展示的词或词组的数量,要求学生快速朗读。这种练习可以为培养学生的快速阅读能力打下基础。

(2)中级阶段的阅读训练。这是阅读能力全面训练的阶段,主要的训练内容和方法有以下几种:①继续进行识字和词语理解训练。②突出语法(组词成句、组句成篇的规则)训练。③加强文化知识的介绍。④培养猜测、推断能力。⑤培养"抓关键跳障碍"的技巧。

(3)高级阶段的阅读训练。通过前两个阶段的训练,学生已具备了基本的阅读能力。高级阶段仍然要进行上面所说的那些基本训练,但是选择阅读材料要充分考虑文体和专业阅读的需要。

【案例分析】

案例导入中提到,英语教师洪老师初次给外国留学生上课,而且是中级汉语阅读课,尽管她多年从事英语教学,英语口语不错,也积累了丰富的教学经验,但学生还是不喜欢她的课。我们认为,洪老师可能对汉语阅读课抱有刻板印象,以为阅读课就是让学生读文章。实际上,该阅读课面向的是来华留学生,对他们来说,属于汉语作为第二语言教学,他们上阅读课的目的是获得汉语的阅读能力。因此,洪老师不了解汉语阅读课课堂教学的一般程序,缺少必要的方法,因而导致学生的不满。可以说,对于上英语课,洪老师是老教师,但是对于上汉语课,洪老师还是新教师,所以她有必要及时"补课",了解汉语阅读课教学的一般程序,掌握阅读课的教学方法。

1. 汉语阅读课课堂教学设计

汉语阅读课(初级)课堂教学设计一般包括以下环节:

(1)组织教学

稳定课堂秩序,点名检查学生出勤情况;引入教学内容。引入教学时,教师要尽量做到有的放矢,让学生很快了解到即将学习的内容。

(2)导入新课

整体感知课文。

(3)处理生词

主要包括正音与释义两部分内容。正音时,教师让学生读,老师纠正;教师解释生词的意思,主要通过多举例来解释;让学生做课后相应的练习。

(4)学习语法

讲解本课主要语法点，让学生做课后相应的练习。

(5)处理课文

①教师指派一名学生复述课文。

②教师和学生一起做课后习题。

③教师讲解课后习题。

(6)布置作业

让学生课后做一些与课文有关的拓展阅读。

2. 汉语阅读课教案示例

下面是一个初级汉语阅读课的教案，可供参考：

"第二十二课"教案

教学对象：初级水平留学生

所用教材：《汉语阅读教程》第一册(彭志平编，北京语言大学出版社，1999年版)。

教学内容：1. 学习汉字。要求学生掌握本课汉字的形、音、义以及字的常用扩展。

2. 学习生词。要求学生掌握生词的形、音、义，为学习课文做准备。

3. 学习本课语法：

(1)太……了

(2)有点儿……

(3)……一点儿

(4)不……不……

4. 学习课文。围绕"描述、评价事物"的功能项目进行阅读能力的培养。

5. 练习。

教学重点：1. 学习本篇文章，提高阅读理解能力。

2. 通过对本课的学习，了解在中国商店购物方面的知识。

学时安排：2学时(90分钟)。

教学设计：

【第一课时】

一、组织教学、导入新课

稳定课堂秩序，点名检查学生出勤情况。导入新课。

二、处理生字

用PPT呈现本课的生字。通过"字—词—词组—句子"来展示生字的意思。

皮——鞋　　　　　皮鞋　　　　　　　　píxié

可——以	可以	kěyǐ
当——然	当然	dāngrán
深——色	深色	shēnsè
浅——色	浅色	qiǎnsè
合——适	合适	héshì
太——短	太短	tàiduǎn
太——长	太长	tàicháng
太——深	太深	tàishēn
太——浅	太浅	tàiqiǎn
太——肥	太肥	tàiféi
太——瘦	太瘦	tàishòu
这——种	这种	zhèzhǒng
试——试	试试	shìshi

重点词语：试、合适、小。

1. 试：试试——试试这件衣服——您试试这件衣服。
2. 合适：很合适——这件衣服很合适——这件衣服不长不短很合适。
3. 小：有点儿小——这件衣服有点儿小。

在生字学习过程中，教师注意使用已经学过的词语，帮助学生掌握汉字的形音义及用法。同时要将本课的用法也融会进去。例如：

1. 太……了：太漂亮了、太好了、太好吃了。
   太贵了、太热了、太深了。
2. 有点儿……：有点儿贵、有点儿热、有点儿小。
3. ……一点儿：能便宜一点儿吗？有小一点儿的吗？
4. 不……不……：不冷不热，真舒服！
   不长不短很合适。

三、做练习

做练习1、2。

四、处理课文

整体感知课文(会话)，然后展开具体的教学：

1. 教师朗读课文(会话)放录音，使学生对课文的内容有大致的了解。
2. 教师向学生了解他们的感受，这个会话是讲什么的？他们在干什么？
用PPT呈现会话，并将会话中的生词刷红或加黑进行凸显。
3. 简单解释生词。(长短、可以、样子、漂亮、穿)
4. 学生阅读会话，教师检查。
(1)谁晚上去看朋友？
   玛丽去看朋友。(见会话情景介绍)

(2) 玛丽晚上穿什么颜色的衣服?

　　浅蓝色的。(见会话倒数 1~3 行)

(3) 红颜色的衣服合适吗?

　　不合适,太红了。(见会话第四行)

【第二课时】

一、组织教学

　　简单回顾上一节课的内容,介绍本节课的学习内容。

二、处理课文

　　整体感知课文(短文),然后展开具体教学:

　　1. 教师朗读课文(短文)放录音,使学生对课文的内容有大致的了解。

　　2. 教师向学生了解他们的感受,这个短文讲的是什么?什么商店可以讨价还价?用 PPT 呈现短文,并将短文中的生词刷红或加黑进行凸显。

　　3. 简单解释生词。(买到、服装、生产、售货员、花)

　　4. 学生阅读短文,教师检查。

　　读后判断正误:

(1) 在上海只能买到中国生产的衣服。(×)

见短文第一句话。

(2) 大商店里的衣服都很贵。(√)

见短文第二句话。

(3) 上海小商店的衣服又便宜又好看。(√)

见短文第三句话。

(4) 在上海可以买到法国和日本的衣服。(√)

见短文第一句话。

三、做练习

　　做练习 3、4。

四、归纳总结

　　1. 生字

　　2. 词语

　　3. 语法

　　4. 课文

五、布置作业

　　做课外练习 1~4;做一些与课文有关的拓展阅读。

附录

课　　文

1. 会话

（玛丽晚上要去看朋友，她在找一件合适的衣服）

玛丽：山田，你看这件衣服怎么样？

山田：不好，颜色太深了。

玛丽：这件红色的怎么样？

山田：长短还可以，是不是太红了？

玛丽：这件颜色呢？

山田：有点儿小。

玛丽：这件浅蓝色的行吗？

山田：行，不长不短，颜色好，样子也很漂亮。穿这件吧！

玛丽：行，穿这件。

2. 短文

你知道吗？

在上海，很多大商店里都可以买到法国、意大利、美国、日本的服装，好看的衣服真多，红红绿绿的，你真不知道买哪一件好。这些商店的衣服都很贵。在一些小商店里有很多中国生产的衣服，样子也很好看，各种颜色的都有，也很便宜。在这些小商店里买衣服，可以试，还可以问售货员："可以便宜一点儿吗？"你可以花不太多的钱买到很好看的衣服。这，你知道吗？

【思考练习】

1. 有人认为，阅读课是一门单项技能训练课，学习者必须有了一定的词汇量才能进行，因此在初级阶段不宜开设汉语阅读课。请谈谈你的看法。

2. 阅读与听力都属于语言材料的输入，二者有什么具体的联系与不同？我们应该如何利用这些联系与不同为我们的教学服务？

3. 有的学校在中高级阶段分别开设了"精读"与"泛读"，你认为分别开设两门阅读课有何理论依据？

4. 针对本章"案例导入"中洪老师的课堂教学困境谈谈你的看法。如果你是洪老师，你该如何改进你的课堂教学？

【拓展阅读】

1. 国家对外汉语教学领导小组办公室. 高等学校外国留学生汉语教学大纲[M]. 北京：北京语言大学出版社，2002.

2. 李晓琪. 对外汉语阅读与写作教学研究[M]. 北京：商务印书馆，2006.

3. 吕必松. 对外汉语教学概论(讲义)[M]. 国家教委对外汉语教师资格审查委员会办公室, 1996.

4. 彭志平. 汉语阅读课教学法[M]. 北京：北京语言大学出版社, 2007.

5. 杨惠元. 课堂教学理论与实践[M]. 北京：北京语言大学出版社, 2007.

6. 赵金铭. 对外汉语教学概论[M]. 北京：商务印书馆, 2004.

后　　记

　　我们从事对外汉语教学工作已经有十几年了,既给中国学生(本科生、硕士生)开过"外语教学法流派""对外汉语课堂教学与实践"等课程,也给外国留学生(硕士)开过"第二语言教学法"等类似的课程。教学之余,我们对"汉语作为第二语言教学法"这门课程也有了一些自己的思考。这些思考大多体现在本书中。

　　按照编委会要求,本套教材要"通过不同章节多角度开拓学生的学科视野,既让学生掌握本学科的传统基础,又引导学生注重事实,看到不同的观点和理论,进行开放性思考,培养创新意识和素质"。因此,本书在编写的过程中注意了两点:一是注重内容的简明性,二是注重内容的实用性。为了达到这两个目标,我们把本书的内容分为两个板块,一是外语教学法流派,包括第一章至第六章,重点介绍"语法翻译法""直接法""听说法""认知法""交际法"与"任务型教学法"的主张与操作程序;二是汉语课堂教学,包括第七章至第十二章,重点介绍汉语作为第二语言教学的基本内容,如教材的选择与使用、课堂教学的一般程序、综合课教学、口语课教学、听力课教学与阅读课教学等。在介绍内容时,我们选择介绍重点,把相关知识内容放在"拓展阅读"中,并结合"思考练习"促使学生课下主动阅读相关文献,培养他们自主学习、独立思考的习惯。在内容安排上,采取"案例导入"→"基础知识"→"案例分析"→"思考练习"→"拓展阅读"的顺序进行编排。这一顺序符合一般心理认知规律,先给学生一个教学疑难,促使学生思考,接着提供相关理论介绍,然后提供相应的解决方案,最后给出拓展阅读建议,引导学生课下学习,加深对问题的理解,并进而提高实践能力。

　　在第二语言/外语教学史上,人们一直都在试图找到一种适合任何情况和任何人的教学方法,这种所谓"正确"的教学方法,可以用来解决外语教学中存在或出现的一切问题。于是,在这种思想的指导下,出现了许多为人们所熟知的教学法流派。实际上,真正适合各种情况的第二语言/外语教学法根本不存在,这也同样适用于汉语作为第二语言/对外汉语教学。因此,现在大家开始强调教学环境和教学目标的特殊性和教师的自主性,提倡针对自己的教学实际,自主地运用、开发具有针对性的教学方法。也就是说,语言教学已经从"方法时代"转向"后方法时代"。当然,"方法时代"提出的教学法,尤其是各教学法流派所提出的一些教学理念对我们的第二语言教学还是具有很多的启发。

　　由于时间紧迫,在第二个板块中,我们编写了"汉语教材的选择与使用"与"汉语课堂教学"两章,课型教学只编写了"汉语综合课教学""汉语口语课教学""汉语听力课教学"与"汉语阅读课教学"四章。此外,需要说明的是,本书中,我们主张使用"汉语作为第二语言教学",但"对外汉语教学"使用的历史很长,已经深入人心,所以有的地方也使用"对外汉语教学",在没有特别说明的情况下,本书不做区分。

在编写本书的过程中,我们引用了众多专家学者的著作、教材、论文中的观点及说法,我们在行文中尽量注明出处。谨对上述专家学者表示衷心的谢意。

由于时间仓促,加之我们能力有限,本书的编写完全是在课余"挤"出来的,因此存在许多不足之处,恳请读者批评指正。感谢武汉大学文学院研究生徐祎、黄一丹、姜涵雪、马慧卓、王思、王雨、周冰、彭梦蝶、张亚玲等同学,帮我们做了资料整理和校勘工作。在编写的过程中,武汉大学出版社的白绍华编辑曾多次召集编者进行座谈研讨,提出编写意见与建议。如果没有他的督促,本书是很难按时完成的。在此,我们对他辛苦的工作与敬业的精神表示感谢。

黄均凤　程乐乐
2017 年 2 月于武汉